Cocottes, mijotés et gratins

hachette
CUISINE

Sommaire

4

BŒUF PROVENÇAL

DIFFICULTÉ : facile
COÛT : un peu cher

PRÉPARATION : 25 minutes
CUISSON : 2 heures 30

POUR 6 À 8 PERSONNES

1,5 kg de paleron
6 tomates
2 poivrons (1 jaune et 1 rouge)
1 aubergine
2 oignons
6 gousses d'ail
150 g d'olives vertes et noires
1 botte de basilic
1 l de bouillon de viande
ou de fond de veau
1 cuil. à soupe de farine
6 cuil. à soupe d'huile d'arachide
4 cuil. à soupe d'huile d'olive
Sel et poivre

Coupez le bœuf en morceaux. Salez et poivrez. Dans une grande cocotte chauffée à feu vif, versez l'huile d'arachide et faites colorer le bœuf pendant 10 à 15 min. Ajoutez la farine et mélangez bien. Laissez cuire 5 min, puis ajoutez les tomates coupées en tranches et le bouillon. Couvrez, portez à ébullition et laissez mijoter pendant 1 h 30.

Épépinez les poivrons. Coupez-les en morceaux ainsi que l'aubergine, les oignons et l'ail. Hachez le basilic. Dans une poêle, faites colorer les poivrons, l'aubergine et les oignons pendant 10 min. Ajoutez-les à la viande lorsque celle-ci cuit depuis 1 h 30 et poursuivez la cuisson pendant 35 min.

Dans un mixeur, réduisez en fine purée un tiers des olives, l'ail, le basilic et l'huile d'olive. Lorsque la viande est bien tendre, dégraissez la sauce avec une cuillère, puis ajoutez le hachis et le reste des olives. Mélangez bien, faites mijoter 2 min et servez aussitôt.

+ Commencez le repas par une assiette de légumes sautés et marinés à l'huile d'olive, servez ensuite votre bœuf, puis terminez par une belle salade de fruits estivale.

6 BŒUF AU VIN EN COCOTTE

DIFFICULTÉ : facile
COÛT : un peu cher

PRÉPARATION : 35 minutes
CUISSON : 2 heures 30

POUR 6 À 8 PERSONNES

- 1,5 kg de paleron (coupé en morceaux par le boucher)
- 3 carottes
- 3 oignons
- 3 gousses d'ail
- ½ botte de persil plat
- 1 bouquet garni
- 1,5 l de vin de Bergerac rouge
- 1 l de bouillon de viande (maison ou du commerce)
- 90 g de beurre
- 50 g de farine
- Huile d'arachide
- Sel et poivre noir

Pelez et émincez les carottes et les oignons. Faites chauffer une grande cocotte à feu très vif avec de l'huile et faites-les sauter pendant 5 min, puis mettez de côté. Faites ensuite dorer les morceaux de bœuf en 2 ou 3 fois pendant 10 min environ.

Dans la cocotte, assemblez la viande bien dorée, les carottes, les oignons, le bouquet garni, le vin et le bouillon. Salez, poivrez et portez à ébullition. Couvrez et laissez cuire à feu doux pendant 2 h environ. Dégraissez de temps en temps.

Faites cuire le beurre et la farine dans une casserole pendant 2 min à feu doux. Quand la viande est cuite, placez-la dans un saladier. Ajoutez le mélange beurre-farine encore chaud dans le jus de cuisson en fouettant fortement.

Goûtez, salez, poivrez, replacez la viande cuite dans la sauce et laissez cuire encore pendant 20 min environ. Pendant ce temps, hachez l'ail et le persil. Ôtez le bouquet garni à la fin de la cuisson et incorporez le hachis ail-persil. Servez très chaud.

8

VEAU MARENGO

DIFFICULTÉ : facile
COÛT : un peu cher

PRÉPARATION : 25 minutes
CUISSON : 2 heures

Dans une grande cocotte, faites chauffer l'huile d'arachide à feu vif. Salez et poivrez la viande, puis faites-la colorer pendant 15 min environ ; saupoudrez de farine. Mélangez et poursuivez la cuisson encore 5 min. Pelez et hachez les oignons et l'ail. Ajoutez-les à la viande et laissez cuire 10 min en mélangeant de temps en temps. Ajoutez le bouquet garni, le vin, la tomate concentrée, les tomates fraîches coupées en rondelles et le fond de veau. Couvrez et laissez mijoter pendant 1 h environ.

Dégraissez la sauce avec une cuillère, puis ajoutez les champignons préalablement lavés et coupés en deux. Comptez encore 30 min de cuisson. Dégraissez la surface de la sauce. Ajoutez la ciboulette hachée, l'huile d'olive, salez, poivrez et servez bien chaud.

POUR 6 À 8 PERSONNES

1,5 kg d'épaule de veau (coupée en morceaux par le boucher)
800 g de tomates
400 g de petits champignons de Paris
1 botte de ciboulette
4 oignons
2 gousses d'ail
1 petit bouquet garni
20 cl de vin blanc
1 cuil. à soupe de concentré de tomates
60 cl de fond de veau (maison ou du commerce)
40 g de farine
3 ou 4 cuil. à soupe d'huile d'arachide
4 cuil. à soupe d'huile d'olive
Sel et poivre

+ Servez ce plat avec un riz basmati nature. Faites-le précéder d'une belle salade de légumes au vinaigre (caponata) et suivre d'un tiramisu.

10 BLANQUETTE DE VEAU

DIFFICULTÉ : facile
COÛT : un peu cher

PRÉPARATION : 25 minutes
CUISSON : 2 heures

POUR 6 À 8 PERSONNES

1,8 kg de viande de veau en morceaux (épaule, collier...)
1 garniture pour pot-au-feu
2 clous de girofle
10 grains de poivre
1 cuil. à soupe rase de gros sel

Pour la sauce
100 g de beurre
20 cl de crème fraîche
1 jaune d'œuf
1,2 litre de bouillon dans lequel le veau a cuit
60 g de farine
Quelques brins de cerfeuil pour le décor
Sel et poivre noir fraîchement moulu

Placez la viande dans la cocotte et couvrez-la d'eau froide. Portez à ébullition, écumez, puis laissez cuire lentement pendant 15 min. Ajoutez alors tous les légumes, les clous de girofle, le poivre et le gros sel. Laissez cuire ainsi à petit feu pendant 1 h 30. Lorsque la viande est cuite et bien tendre, égouttez-la. Mettez les légumes de côté et éliminez les aromates du bouillon.

Dans une petite casserole, faites cuire 1 min, à feu très doux, le beurre et la farine ; remuez sans cesse, versez le bouillon très chaud et faites cuire pendant 5 min. Battez la crème fraîche avec le jaune d'œuf puis, hors du feu, ajoutez le mélange à la sauce brûlante. Rectifiez l'assaisonnement, ajoutez la viande cuite et les légumes dans la sauce. Faites frémir sans bouillir, puis servez.

Décorez avec quelques brins de cerfeuil et servez très chaud.

+ Servez la blanquette avec du riz. Parfumez la sauce de la blanquette en ajoutant des herbes hachées au tout dernier moment : ciboulette, basilic, persil...

12

COCOTTE DE VEAU AUX MORILLES

DIFFICULTÉ : facile

COÛT : un peu cher

PRÉPARATION : 20 minutes

CUISSON : 50 minutes

POUR 4 PERSONNES

1,5 kg de veau détaillé en cubes
200 g de morilles fraîches ou surgelées
1 oignon
70 g de beurre
1 cuil. à soupe d'huile d'olive
2 cuil. à soupe de fond de veau déshydraté
10 cl de vin blanc
30 cl de crème liquide
1 cuil. à soupe de poivre
5 baies
Sel

Lavez les morilles soigneusement et séchez-les. Ciselez finement l'oignon. Dans une cocotte, faites chauffer 15 g de beurre avec l'huile d'olive et faites-y blondir l'oignon. Ajoutez les morceaux de veau et faites-les dorer sur toutes les faces. Ajoutez alors la moitié du fond de veau avec 15 cl d'eau, couvrez et laissez cuire 40 min à feu doux.

Retirez la viande de la cocotte et réservez-la au chaud. Ajoutez le vin blanc dans la cocotte puis laissez réduire de moitié à feu doux. Ajoutez alors le reste du fond de veau, le poivre 5 baies, du sel et la crème liquide, puis laissez cuire 3 min afin que la sauce épaississe.

Ajoutez les morilles et laissez cuire 5 min. Hors du feu, ajoutez le reste du beurre en petits morceaux et fouettez afin de l'incorporer. Remettez la viande dans la cocotte pour 2 min à feu doux. Servez bien chaud dans des cocottes individuelles avec des tagliatelles fraîches.

JARRET DE VEAU BRAISÉ

DIFFICULTÉ : facile
COÛT : un peu cher

PRÉPARATION : 15 minutes
CUISSON : 2 heures

Salez et poivrez généreusement le jarret. Assaisonnez-le avec les petites feuilles de thym frais. Faites colorer la viande dans une cocotte, avec le beurre et l'huile, pendant 30 min environ, en la retournant souvent. Pelez les oignons. Ajoutez-les dans la cocotte et versez le bouillon. Couvrez et laissez mijoter à feu très doux pendant 1 h 30. Retournez le jarret plusieurs fois et ajoutez du bouillon si besoin.

Servez le jarret entier, dans la cocotte, avec son jus. Découpez-le devant les convives, en gros morceaux. Servez avec l'os et sa succulente moelle.

POUR 6 PERSONNES

1 jarret (arrière) de veau entier avec os
2 bottes d'oignons nouveaux
1 beau brin de thym frais
20 cl de bouillon de bœuf, veau ou volaille (du commerce ou maison)
2 grosses noix de beurre
2 cuil. à soupe d'huile
Sel et poivre

14 RIS DE VEAU À LA CRÈME

DIFFICULTÉ : facile
COÛT : un peu cher

PRÉPARATION : 25 minutes
CUISSON : 35 minutes

Placez le ris de veau dans une casserole, couvrez d'eau froide, portez à ébullition, laissez cuire 1 min, puis égouttez la viande et coupez-la en tranches. Coupez les champignons. Pelez et hachez les échalotes assez finement.

Dans une cocotte, faites revenir au beurre le ris pendant 5 min. Ajoutez les échalotes et les champignons, laissez cuire 5 min. Versez le cognac, puis le fond de veau et la crème. Salez, poivrez et laissez cuire 20 min.

Pendant ce temps, hachez la ciboulette. À l'issue de la cuisson, ajoutez-la au plat et servez bien chaud.

POUR 2 PERSONNES

600 g de ris de veau, prêt à cuire
250 g de champignons
2 échalotes
1 botte de ciboulette
5 cl de cognac
20 cl de fond de veau
(du commerce ou maison)
15 cl de crème
1 noix de beurre
Sel et poivre

PALETTE DE PORC AUX OIGNONS

DIFFICULTÉ : facile
COÛT : raisonnable

PRÉPARATION : 10 minutes
CUISSON : 1 heure 50

POUR 8 PERSONNES

2,5 kg de palette de porc sans os
1 kg d'oignons des Cévennes
1 beau brin de romarin frais
20 cl de vin blanc
2 grosses noix de beurre
2 cuil. à soupe d'huile
Sel et poivre

Salez et poivrez généreusement la viande. Hachez finement le romarin et assaisonnez la palette avec.

Faites colorer la palette dans une cocotte, avec le beurre et l'huile, pendant 20 min environ, en la retournant souvent. Épluchez les oignons et coupez-les en quartiers. Ajoutez-les dans la cocotte et laissez encore cuire 20 min. Versez le vin. Couvrez et laissez mijoter à feu très doux pendant 1 h 10. Retourner la palette au moins une fois en cours de cuisson.

+ Servez la palette, dans la cocotte, avec les oignons et le jus.

16

NAVARIN D'AGNEAU

DIFFICULTÉ : facile
COÛT : un peu cher

PRÉPARATION : 25 minutes
CUISSON : 1 heure 20

Salez et poivrez la viande. Coupez les tomates en rondelles. Nettoyez les champignons. Pelez et hachez les oignons et l'ail. Hachez la ciboulette.

Dans une grande cocotte, faites chauffer l'huile d'arachide à feu vif. Faites ensuite colorer les morceaux d'agneau pendant 10 min environ, puis saupoudrez-les de farine. Mélangez et poursuivez la cuisson encore 5 min. Ajoutez les oignons et l'ail. Laissez cuire 5 min en mélangeant de temps en temps. Ajoutez le bouquet garni, le vin, le concentré, les tomates et le fond. Couvrez et laissez mijoter à couvert pendant 30 min environ.

Dégraissez la sauce avec une cuillère, puis ajoutez les champignons et comptez encore 30 min de cuisson. Versez l'huile d'olive, la ciboulette, puis salez et poivrez. Servez bien chaud.

POUR 4 À 6 PERSONNES

1,5 kg d'épaule d'agneau (coupée en morceaux par le boucher)
800 g de tomates
300 g de petits champignons de Paris
4 oignons
2 gousses d'ail
1 botte de ciboulette
1 petit bouquet garni
20 cl de vin blanc
40 g de farine
1 cuil. à soupe de concentré de tomates
30 cl de fond de veau
5 cuil. à soupe d'huile d'arachide
4 cuil. à soupe d'huile d'olive
Sel et poivre

\+ Personnalisez cette recette finalement très classique en y ajoutant des olives, des poivrons, du basilic, des câpres, un peu de piment frais… à votre goût !

18 DAUBE DE SANGLIER

DIFFICULTÉ : difficile
COÛT : cher

PRÉPARATION : 40 minutes
CUISSON : 2 heures
MARINADE : 1 nuit

La veille, pelez et coupez en morceaux les carottes, les oignons, les échalotes, l'ail puis mettez-les dans un saladier avec le bouquet garni, le céleri et le baluchon. Versez le vin et le cognac et plongez la viande dans cette marinade. Placez au réfrigérateur pendant toute une nuit.

Le jour même, égouttez la viande et les légumes dans une passoire, puis séparez-les. Dans une grande poêle, faites dorer tous les morceaux de viande à feu vif avec l'huile. Égouttez-les ensuite dans une passoire. Poêlez les légumes de la même façon pendant 5 min.

Assemblez les légumes et la viande dorée dans une cocotte. Dans une casserole, portez la marinade à ébullition pendant 1 min et écumez-la, puis versez-la dans la cocotte. Laissez cuire 15 min à feu doux, puis ajoutez le bouillon et le bouquet garni mariné. Laissez cuire à couvert pendant 1 h 30. Dégraissez la surface.

Quand la viande est cuite, égouttez-la avec les légumes et réservez le tout dans un saladier.

POUR 6 PERSONNES

2 kg de viande de sanglier (coupée par le boucher)
2 carottes
2 oignons
2 échalotes
4 gousses d'ail
1 bouquet garni
1 branche de céleri
80 g de beurre
1 litre de vin rouge
10 cl de cognac
1,5 litre de bouillon (bœuf)
60 g de farine
3 cuil. à soupe de confiture d'airelles
8 cuil. à soupe d'huile
Sel et poivre noir fraîchement moulu

Pour le baluchon

1 gaze
8 grains de poivre
2 clous de girofle
4 grains de genièvre

Liez la sauce avec le mélange farine-beurre en fouettant. Replacez sur le feu, salez et poivrez et laissez mijoter lentement pendant 5 min. Ajoutez enfin la confiture d'airelles, replongez la viande et les légumes dans la sauce. Servez très chaud.

20 COCOTTE DE PETIT SALÉ

DIFFICULTÉ : facile
COÛT : raisonnable

PRÉPARATION : 25 minutes
CUISSON : 1 heure 45
TREMPAGE : 2 heures

POUR 4 PERSONNES

1,5 kg de petit salé
250 g de lentilles
2 carottes
2 oignons
1 gousse d'ail
1 bouquet garni
1 clou de girofle
Sel et poivre

Faites tremper le petit salé pendant 2 h. Épluchez les carottes, les oignons et l'ail.

Faites cuire le petit salé à l'eau bouillante, dans une cocotte, pendant 1 h 30 avec les carottes, les oignons, l'ail, le bouquet et le clou de girofle.

Pendant ce temps, faites cuire les lentilles à l'eau pendant 20 min.

15 min avant la fin de la cuisson de la viande, videz l'eau de cuisson, ajoutez les lentilles, 30 cl d'eau (ou de bouillon) et laissez cuire à feu doux pendant le dernier quart d'heure. Éliminez le bouquet et servez chaud.

22 OSSO BUCO

DIFFICULTÉ : facile
COÛT : un peu cher

PRÉPARATION : 20 minutes
CUISSON : 1 heure 40

POUR 6 PERSONNES

6 belles tranches de jarret de veau avec os
600 g de tomates
2 carottes
2 oignons
5 gousses d'ail
50 g de farine
1 cuil. à soupe de concentré de tomates
20 cl de jus d'orange
40 cl de bouillon ou de fond de veau (maison ou du commerce)
Huile de tournesol
Sel et poivre noir fraîchement moulu

Salez et poivrez la viande. Dans une grande cocotte chauffée à feu vif, versez de l'huile et faites bien colorer le veau pendant 15 min. Pelez et hachez les carottes, les oignons et l'ail. Ajoutez-les dans la cocotte et saupoudrez de farine. Mélangez et laissez cuire 5 min environ.

Ajoutez les tomates coupées en rondelles et le concentré. Versez le jus d'orange et le bouillon. Couvrez et laissez cuire 1 h 20 à feu doux.

Quand la viande est cuite, goûtez la sauce et, si nécessaire, salez et poivrez. Servez sans attendre.

24

REBLOCHONADE EN MINI-COCOTTES

DIFFICULTÉ : facile
COÛT : raisonnable

PRÉPARATION : 40 minutes
CUISSON : 15 minutes

Faites bouillir une casserole d'eau salée et faites cuire les pommes de terre jusqu'à ce qu'elles soient tendres. Égouttez-les, épluchez-les puis coupez-les en rondelles.

Ciselez finement l'oignon et faites-le fondre dans une poêle avec l'huile d'olive. Préchauffez le four à 200 °C (th. 6-7). Coupez le reblochon en tranches en retirant la peau.

Dans des cocottes individuelles, disposez les oignons puis les pommes de terre, les lardons, la ciboulette ciselée et les tranches de reblochon en couches. Salez, poivrez, ajoutez le vin blanc, puis la crème fraîche. Enfournez pour 15 min et servez bien chaud.

POUR 4 PERSONNES

- 4 grosses pommes de terre
- 1 oignon
- 1 petit reblochon
- 100 g de lardons fumés
- 1 petit bouquet de ciboulette
- 10 cl de vin blanc sec
- 4 cuil. à soupe de crème fraîche
- 1 cuil. à soupe d'huile d'olive
- Sel et poivre du moulin

COQ AU VIN

DIFFICULTÉ : facile
COÛT : cher

PRÉPARATION : 35 minutes
CUISSON : 2 heures 15
MARINADE : 1 nuit

POUR 4 PERSONNES

- 1,5 kg de coq (coupé en morceaux par le boucher)
- 1,5 l de vin rouge
- 3 oignons
- 3 gousses d'ail
- 3 carottes
- 1 bouquet garni
- ½ botte de persil plat
- 1 l de bouillon de viande ou de fond de veau
- 65 g de farine
- 90 g de beurre mou
- Huile de tournesol
- Sel et poivre noir

La veille, assemblez, dans un grand saladier, la viande, le vin, les oignons, l'ail et les carottes épluchés et coupés en morceaux ; ajoutez le bouquet. Laissez mariner durant la nuit au réfrigérateur.

Le jour même, videz le contenu du saladier et le fond de veau dans une cocotte. Portez à ébullition, couvrez et laissez mijoter 2 h. Égouttez la viande et les légumes. Mélangez la farine et le beurre en fouettant vivement. Mettez la viande et les légumes dans la sauce avec le persil haché, salez, poivrez et faites mijoter encore 10 min.

26

FRICASSÉE DE POULET

DIFFICULTÉ : facile
COÛT : raisonnable

PRÉPARATION : 25 minutes
CUISSON : 1 heure

Dans un peu d'huile, faites dorer les morceaux de poulet à feu vif 15 min. Coupez les oignons et les champignons. Pelez et hachez les échalotes. Éliminez la graisse de la cocotte et ajoutez les lardons, les oignons, les champignons et les échalotes. Mélangez, couvrez et laissez cuire 5 min. Versez le vin, laissez bouillir 5 min, puis ajoutez le fond de veau. Couvrez et laissez cuire 30 min.

Dégraissez la sauce, ajoutez le beurre, mélangez, salez et poivrez. Servez le poulet saupoudré de ciboulette et accompagné du jus bien chaud.

POUR 4 À 6 PERSONNES

1 poulet fermier (coupé en morceaux par le boucher)
100 g de lardons
300 g de champignons de Paris
200 g de petits oignons nouveaux
2 échalotes
1 botte de ciboulette émincée
20 cl de vin blanc sec
30 cl de fond de veau (du commerce)
1 noix de beurre
Huile de tournesol
Sel et poivre noir

\+ Dégustez un vin rouge assez « fort » avec cette recette, un vin d'Algérie ou du Liban, par exemple.

28 LAPIN AU CIDRE

DIFFICULTÉ : facile
COÛT : raisonnable

PRÉPARATION : 25 minutes
CUISSON : 50 minutes

POUR 4 À 6 PERSONNES

1 lapin coupé en morceaux
2 carottes
1 blanc de poireau
2 beaux oignons
1 bouquet garni
80 cl de cidre doux
90 g de beurre
20 cl de crème épaisse
40 g de farine
Persil plat pour le décor
Sel et poivre noir fraîchement moulu

Mélangez la farine et 60 g de beurre mou. Salez et poivrez la viande. Lavez, épluchez et coupez finement les légumes et les oignons.

Dans une cocotte, faites revenir les morceaux de viande à feu moyen avec le beurre. Comptez 10 min de cuisson puis, lorsque le lapin est bien doré, ajoutez les poireaux, les carottes et les oignons. Laissez cuire à feu doux et à couvert pendant 5 min. Versez ensuite le cidre et ajoutez le bouquet garni. Portez à ébullition, puis laissez mijoter 30 min à feu doux.

Égouttez la viande et les légumes. Ajoutez la crème et le beurre manié dans le jus de cuisson en fouettant et faites mijoter la sauce encore 5 min. Replongez la viande et les légumes dans la sauce. Salez, poivrez à votre goût et décorez le plat avec du persil haché. Servez sans attendre.

+ Une recette à essayer aussi avec du poulet ou de la pintade.

30 LAPIN EN COCOTTE

DIFFICULTÉ : facile
COÛT : raisonnable

PRÉPARATION : 25 minutes
CUISSON : 1 heure 10

POUR 4 À 6 PERSONNES

- 1 lapin (coupé en morceaux par le boucher)
- 4 échalotes
- 1 gousse d'ail
- 200 g de petits champignons de Paris
- 400 g de champignons (girolles, cèpes, trompettes)
- 2 cuil. à soupe de persil plat
- 20 cl de vin blanc sec
- 40 cl de fond de veau (à base de poudre du commerce)
- 1 cuil. à soupe de farine
- 2 belles noix de beurre
- Huile d'arachide
- Sel et poivre noir

Salez et poivrez la viande. Dans une cocotte assez grande, faites dorer, dans un peu d'huile, tous les morceaux à feu vif, pendant 15 min environ. Ajoutez la farine, mélangez, puis réduisez légèrement l'intensité du feu, couvrez et laissez cuire ainsi pendant 10 min.

Pelez et hachez les échalotes et l'ail. Nettoyez les champignons. Mettez les échalotes dans la cocotte et laissez-les cuire quelques minutes, puis ajoutez tous les champignons. Mélangez, couvrez et laissez cuire à feu doux 10 min.

Versez le vin blanc. Faites bouillir, couvrez et laissez mijoter 5 min. Versez le fond et laissez cuire lentement pendant 30 min avec un couvercle.

Hors du feu, dégraissez la sauce avec une cuillère, incorporez le beurre, le persil et l'ail en remuant délicatement avec une cuillère en bois. Servez.

+ Servez ce lapin aux champignons avec le vin que vous avez utilisé pour cuisiner. Un sancerre conviendrait très bien.

32 CAILLES AUX RAISINS

DIFFICULTÉ : facile
COÛT : raisonnable

PRÉPARATION : 10 minutes
CUISSON : 30 minutes

Faites dorer pendant 15 min, dans la cocotte, avec un peu d'huile, les cailles salées et poivrées. Ajoutez les échalotes hachées et mélangez. Versez le vin blanc, laissez bouillir un instant, puis ajoutez le bouillon, les raisins et la cannelle. Couvrez et laissez mijoter à feu doux 15 min. Sortez les cailles et les raisins de la cocotte et mettez de côté.

Mélangez le beurre et la farine à la sauce en fouettant. Faites bouillir 1 min, salez et poivrez. Replacez les cailles et les raisins dans la sauce. Servez chaud.

POUR 4 PERSONNES

4 belles cailles
2 échalotes
1 verre de vin blanc doux (ou pineau des Charentes)
30 cl de bouillon (viande ou légumes)
1 poignée de raisins secs (ou des raisins frais pelés)
2 pincées de cannelle
1 cuil. à soupe de farine
40 g de beurre
Huile d'arachide
Sel et poivre noir

RAGOÛT DE CHAMPIGNONS

DIFFICULTÉ : facile
COÛT : raisonnable

PRÉPARATION : 20 minutes
CUISSON : 35 minutes

Lavez et épluchez, si besoin, les champignons. Coupez les plus gros en quartiers et laissez les petits entiers. Pelez et hachez les échalotes.

Dans une cocotte, faites sauter les échalotes avec le beurre pendant 2 ou 3 min, puis ajoutez les champignons. Salez, poivrez et laissez cuire 10 min. Versez le vin, laissez bouillir 5 min, puis ajoutez la crème. Laissez mijoter à couvert pendant 15 min.

Hors du feu, ajoutez le cerfeuil haché et servez bien chaud, dans des assiettes creuses. Dégustez.

POUR 4 PERSONNES

1 kg de champignons mélangés, selon la saison
4 échalotes
1 verre de Noilly Prat
30 cl de crème épaisse
1 botte de cerfeuil
1 noix de beurre
Sel et poivre

34 RAGOÛT D'ESCARGOTS

DIFFICULTÉ : facile
COÛT : raisonnable

PRÉPARATION : 20 minutes
CUISSON : 20 minutes

POUR 4 PERSONNES

250 g d'escargots en boîte
2 tranches de jambon sec
2 tomates
1 carotte
6 champignons de Paris
1 oignon
2 gousses d'ail
10 cl de vin blanc
25 cl de bouillon (bœuf, volaille)
40 g de beurre + 1 noix
1 cuil. à café de farine
Sel et poivre

Coupez le jambon en lanières et les tomates en rondelles. Épluchez la carotte, les champignons, l'oignon et l'ail, puis hachez-les assez finement, en gardant l'ail haché à part.

Dans une petite cocotte, faites chauffer la noix de beurre à feu doux. Ajoutez les escargots, la carotte, l'oignon et les champignons. Salez, poivrez et laissez cuire à feu doux 5 min. Versez le vin, laissez évaporer presque complètement. Ajoutez le bouillon, les tomates, l'ail et le jambon. Couvrez et laissez cuire 15 min à feu doux.

Pendant ce temps, mélangez les 40 g de beurre avec la farine. Sortez la cocotte du feu, ajoutez cette préparation dans la sauce en fouettant un peu. Mélangez, faires cuire à feu doux 1 min pour épaissir la sauce. Salez et poivrez si besoin, puis servez très chaud.

+ Ces escargots en entrée, ensuite une côte de bœuf avec un gratin de pommes de terre, puis une belle salade de fruits. Un beau menu pour les amis !

36 ASPERGES EN COCOTTE

DIFFICULTÉ : facile
COÛT : raisonnable

PRÉPARATION : 25 minutes
CUISSON : 20 minutes

Épluchez les asperges, rincez-les et séparez-les en 2 bottes avec de la ficelle. Faites-les cuire 5 min à l'eau bouillante salée. Épluchez les autres légumes. Hachez-les grossièrement.

Faites revenir les légumes et les lardons dans le beurre, à la cocotte, pendant 2 à 3 min. Ajoutez les asperges coupées en trois. Salez, poivrez et laissez cuire 2 min. Versez le bouillon, couvrez et laissez mijoter 10 min.

Sortez du feu, ajoutez le reste du beurre, le cerfeuil haché et servez bien chaud, avec le jus de cuisson.

POUR 4 PERSONNES

100 g de lardons fumés
1 belle botte d'asperges (ou un mélange de blanches et de vertes)
1 carotte
1 oignon
4 beaux champignons de Paris
1 botte de cerfeuil
15 cl de bouillon (bœuf, volaille)
2 belles noix de beurre
Sel et poivre

38

CHOU BRAISÉ

DIFFICULTÉ : facile
COÛT : raisonnable

PRÉPARATION : 15 minutes
CUISSON : 45 minutes

Effeuillez le chou et plongez-le 2 min dans un grand volume d'eau bouillante salée. Égouttez les feuilles dans une passoire. Épluchez et coupez en tranches les carottes et les oignons. Détaillez également la poitrine en gros dés.

Dans la cocotte, faites chauffer l'huile à feu assez vif. Faites dorer les oignons, les carottes et la poitrine pendant 7 à 8 min. Ajoutez les feuilles de chou préalablement coupées. Salez, poivrez, ajoutez le thym, le vin et le bouillon. Couvrez et laissez mijoter au moins 35 min. Servez le chou bien tendre et chaud.

POUR 4 PERSONNES

150 g de poitrine fumée
1 chou frisé
2 carottes
2 oignons
1 beau brin de thym
1 verre de vin blanc
15 cl de bouillon
4 cuil. à soupe d'huile d'arachide
Sel et poivre

+ Utilisez surtout du chou « frisé » !

40 COCOTTE DE LÉGUMES AUX HERBES

DIFFICULTÉ : facile
COÛT : raisonnable

PRÉPARATION : 30 minutes
CUISSON : 30 minutes

Lavez les oignons, éliminez les fanes, puis lavez et épluchez les carottes et les navets. Coupez-les en quartiers. Lavez et coupez en tronçons les poireaux ; écossez les petits pois. Hachez assez finement l'estragon.

Dans une cocotte, faites revenir les oignons, les poireaux et les carottes avec 1 noix de beurre pendant 5 min. Ajoutez les navets, les petits pois et le bouillon. Salez, poivrez, couvrez et laissez mijoter 15 min. Mettez, hors du feu, 1 noix de beurre et l'estragon. Servez les légumes, avec leur jus.

POUR 4 PERSONNES

6 oignons nouveaux
6 carottes nouvelles
6 navets nouveaux
4 petits blancs de jeunes poireaux
400 g de petits pois
1 botte d'estragon
20 cl de bouillon
2 noix de beurre
Sel et poivre

42

RAGOÛT D'AILES DE POULET À LA JAPONAISE

DIFFICULTÉ : facile
COÛT : raisonnable

PRÉPARATION : 20 minutes
CUISSON : 30 minutes
MARINADE : 1 heure

POUR 4 PERSONNES

- 600 g d'ailerons de poulet
- 2 gousses d'ail
- 1 oignon
- 2 blancs de petits poireaux
- 1 botte de ciboulette
- 15 cl de saké (alcool japonais)
- 10 cuil. à soupe de sauce de soja
- 2 cuil. à soupe de sucre en poudre
- 5 cuil. à soupe de vinaigre de riz
- ½ cuil. à soupe de gingembre frais
- 4 cuil. à soupe d'huile d'arachide
- Sel et poivre

Placez les ailerons de poulet dans un grand saladier. Pelez et hachez l'ail. Salez, poivrez la viande et faites-la mariner 1 h avec l'ail, le saké, le soja, le sucre, le vinaigre de riz et le gingembre.

Pelez et hachez l'oignon. Coupez les poireaux en petits tronçons. Hachez la ciboulette. Égouttez les morceaux de poulet et conservez le jus.

Dans une cocotte, faites chauffer l'huile d'arachide à feu moyen et faites dorer la viande pendant 10 min. Lorsque le poulet est bien doré, videz l'huile de la cocotte, puis ajoutez l'oignon et les poireaux. Laissez cuire en remuant pendant 5 min, puis versez la marinade. Portez à ébullition, couvrez et laissez cuire à feu très doux pendant 15 min.

Au moment de servir, incorporez la ciboulette hachée.

\+ Présentez cette recette familiale dans la cocotte de cuisson ou dans un grand bol japonais. Accompagnez de riz nature. Vous pouvez aussi préparer ce plat avec des cuisses de poulet. Il faut alors allonger les temps de cuisson de 15 ou 20 min.

44 COCOTTES DE RISOTTO AUX ASPERGES ET PANCETTA

DIFFICULTÉ : facile
COÛT : raisonnable

PRÉPARATION : 15 minutes
CUISSON : 30 minutes

POUR 4 PERSONNES

- 1 botte d'asperges vertes
- 3 tablettes de bouillon de légumes
- 1 oignon
- 110 g de beurre
- 250 g de riz rond
- 10 cl de vin blanc sec
- 300 g de pancetta en petits morceaux
- 50 g de parmesan en copeaux
- 1 cuil. à soupe de crème bien épaisse

Faites bouillir une grande casserole d'eau salée. Épluchez les asperges et faites-les cuire 10 min jusqu'à ce qu'elles soient tendres. À la fin de la cuisson, égouttez-les et passez-les sous l'eau froide afin d'arrêter la cuisson. Coupez-les en trois et réservez-les.

Faites bouillir 1,5 litre d'eau et ajoutez les tablettes de bouillon. Réservez le bouillon hors du feu lorsque les tablettes sont fondues. Ciselez l'oignon et faites-le revenir dans une cocotte avec 30 g de beurre. Ajoutez le riz et faites revenir 2 à 3 min. Ajoutez alors le vin blanc et 1 louche de bouillon. Laissez le risotto cuire à feu doux en ajoutant régulièrement du bouillon afin qu'il ne soit jamais sec.

Au bout de 20 min, le riz doit être bien tendre. Ajoutez alors les tronçons d'asperges, le reste du beurre en morceaux, la pancetta, le parmesan et la crème fraîche, mélangez bien le tout pendant 2 min et servez immédiatement.

FENOUIL MIJOTÉ AU PESTO

DIFFICULTÉ : facile
COÛT : raisonnable

PRÉPARATION : 25 minutes
CUISSON : 35 minutes

POUR 4 PERSONNES

Pour le pesto
2 bottes de basilic
4 gousses d'ail
40 g de pignons de pin
50 g de parmesan râpé
6 cuil. à soupe d'huile d'olive
Sel et poivre

Pour les fenouils
2 beaux fenouils
4 oignons nouveaux
2 tomates
2 brins de thym frais
20 cl de vin blanc
4 cuil. à soupe d'huile d'olive

Mixez finement les feuilles de basilic, les gousses d'ail préalablement ébouillantées pendant 1 min et pelées, les pignons, le parmesan et l'huile d'olive. Salez, poivrez et réservez le pesto.

Lavez les fenouils, coupez-les en deux. Hachez les oignons. Faites sauter les fenouils et les oignons salés et poivrés dans la cocotte, avec l'huile, 2 ou 3 min. Ajoutez le vin, le thym et les tomates coupées en rondelles. Couvrez et laissez mijoter 30 min.

46

FILETS DE POULET AU CURRY ROUGE

DIFFICULTÉ : facile
COÛT : raisonnable

PRÉPARATION : 20 minutes
CUISSON : 35 à 40 minutes

Lavez les légumes, puis épluchez les pommes de terre, les navets et les carottes. Coupez-les en morceaux. Ciselez finement l'oignon et coupez la courgette en rondelles. Détaillez également le bâton de citronnelle en petites rondelles en retirant les feuilles plus épaisses.

Faites chauffer l'huile d'olive dans une cocotte et faites blondir l'oignon. Ajoutez les morceaux de poulet et faites-les dorer sur toutes les faces. Ajoutez ensuite les pommes de terre et les navets, les rondelles de citronnelle, le lait de coco ainsi que le curry rouge. Salez, poivrez, couvrez et laissez cuire 20 min. Ajoutez alors les carottes, les courgettes et les mini-maïs puis poursuivez la cuisson de 15 à 20 min en remuant régulièrement. Servez bien chaud avec du riz thaï.

POUR 4 PERSONNES

4 pommes de terre moyennes
2 petits navets
2 carottes
1 courgette
1 oignon
1 bâton de citronnelle
700 g de filets de poulet en cubes
30 cl de lait de coco
1 cuil. à soupe de curry rouge
1 barquette de mini-maïs thaï
2 cuil. à soupe d'huile d'olive
Sel, poivre

COQUELETS AU CURRY

DIFFICULTÉ : facile
COÛT : un peu cher

PRÉPARATION : 25 minutes
CUISSON : 40 minutes

Faites dorer les demi-coquelets salés et poivrés dans la cocotte, avec un peu d'huile, pendant 8 à 10 min. Pressez les agrumes. Épluchez et hachez la pomme, le poivron, l'oignon et l'ail.

Ajoutez la pomme, le poivron, l'oignon, l'ail, le gingembre, le curry et le sucre. Couvrez, puis laissez cuire à feu doux pendant 5 min en remuant. Versez le jus des agrumes. Portez à ébullition, puis laissez cuire 5 min. Versez ensuite le lait de coco. Faites frémir, à couvert, pendant 20 min. Salez et poivrez à votre goût.

POUR 4 PERSONNES

2 coquelets (coupés en deux par le boucher)
2 citrons verts
2 oranges
1 pomme
1 poivron rouge
1 oignon
2 gousses d'ail
1 cuil. à café de gingembre frais
2 cuil. à soupe de poudre de curry
1 cuil. à soupe de sucre
20 cl de lait de noix de coco
Huile d'arachide
Sel et poivre noir

48 BŒUF EN GOULASCH

DIFFICULTÉ : facile
COÛT : raisonnable

PRÉPARATION : 25 minutes
CUISSON : 2 heures 30

Dans une cocotte à feu vif, versez 4 ou 5 cuil. à soupe d'huile et faites colorer, pendant 15 à 20 min, les morceaux de bœuf salés et poivrés. Coupez les tomates en rondelles. Pelez, puis émincez les oignons ; pelez et hachez l'ail. Baissez le feu et versez 1 ou 2 cuil. à soupe d'huile. Ajoutez la farine, les oignons, l'ail et le paprika. Laissez cuire 5 min en remuant.

Ajoutez le bouillon, le bouquet garni, les tomates et le concentré. Salez, poivrez, puis laissez mijoter, à couvert, pendant 2 h.

Rectifiez l'assaisonnement. Dégraissez la sauce et jetez le bouquet garni.

POUR 6 À 8 PERSONNES

1,5 kg de paleron (en morceaux)
500 g de tomates
4 gros oignons
4 gousses d'ail
1 petit bouquet garni
1 litre de bouillon
2 cuil. à soupe de concentré de tomates
1 cuil. à soupe de farine
3 cuil. à soupe de paprika (fumé)
Huile d'arachide
Sel et poivre

50

COCOTTE DE CANARD À LA CHINOISE

DIFFICULTÉ : facile
COÛT : raisonnable

PRÉPARATION : 10 minutes
CUISSON : 1 heure
MARINADE : 2 heures

POUR 4 À 6 PERSONNES

1 canard (coupé en morceaux par le boucher)
6 champignons noirs séchés
6 champignons de Paris
3 petits blancs de poireaux
1 botte de coriandre
4 cuil. à soupe d'huile d'arachide
Sel et poivre

Pour la marinade
1 gros oignon
4 cuil. à soupe de miel
15 cl de sauce de soja
5 belles pincées de cinq-épices
1 cuil. à soupe de gingembre haché
1 cuil. à soupe de gingembre frais râpé

Salez, poivrez, puis placez les morceaux de canard dans un saladier. Préparez la marinade : émincez l'oignon et versez tous les ingrédients de la marinade sur le canard. Laissez macérer ainsi pendant 2 h au réfrigérateur.

Égouttez les morceaux de canard. Réservez la marinade. Dans la cocotte à fond épais, laissez chauffer l'huile d'arachide à feu moyen, puis faites dorer les morceaux de canard pendant 20 min. Retournez les morceaux de temps à autre. Ajoutez ensuite les champignons noirs coupés, les champignons de Paris et les poireaux coupés en tronçons. Laissez cuire encore 15 min à couvert, puis versez la marinade.

Laissez cuire 25 minutes à couvert et à feu très doux en dégraissant la sauce de temps à autre avec une petite louche. Lorsque le canard est cuit, vérifiez l'assaisonnement du jus de cuisson, son goût doit être légèrement sucré. Hachez grossièrement la botte de coriandre et ajoutez-la au dernier moment.

+ Nems en entrée, cette recette en plat, des mangues en dessert.

52

PORC MIJOTÉ AU POIVRON ET AU THYM FRAIS

DIFFICULTÉ : facile
COÛT : raisonnable

PRÉPARATION : 25 minutes
CUISSON : 1 heure 10
MARINADE : 1 nuit

POUR 6 PERSONNES

- 1,2 kg d'échine de porc (coupée en morceaux)
- 4 poivrons (jaune, rouge et vert)
- 4 tomates
- 2 oignons
- 2 gousses d'ail
- 1 botte de basilic
- 1 branche de thym frais
- 20 cl de vin rosé
- 25 cl de coulis de tomates
- 6 cuil. à soupe d'huile d'olive
- Huile de tournesol
- Sel et poivre

La veille, épépinez les poivrons et coupez-les en lanières pas trop fines. Effeuillez la branche de thym. Dans un grand saladier, mélangez les morceaux de porc avec les poivrons, le thym et l'huile d'olive. Couvrez et placez au réfrigérateur pendant la nuit.

Le jour même, séparez les légumes de la viande. Faites sauter le porc 20 min avec un peu d'huile de tournesol dans la cocotte chauffée à feu vif.

Pendant ce temps, pelez et coupez les oignons en tranches pas trop fines. Coupez les tomates en rondelles. Pelez l'ail et hachez-le ainsi que le basilic.

Quand les morceaux sont bien dorés, éliminez la graisse, versez un peu d'huile de tournesol, et ajoutez les oignons. Mélangez et laissez cuire à couvert et à feu moyen 5 min. Ajoutez les poivrons, salez et poivrez. Mélangez, couvrez et laissez cuire 5 min. Incorporez enfin les tomates, le rosé et le coulis. Couvrez et laissez mijoter à couvert 40 min. Ajoutez le basilic et l'ail avant de servir.

+ Pour ce plat, choisissez bien de l'échine de porc : ce morceau est très tendre et convient bien à la recette.

54

CAILLES MITONNÉES AU LAIT DE COCO

DIFFICULTÉ : facile

COÛT : un peu cher

PRÉPARATION : 25 minutes

CUISSON : 50 minutes

POUR 4 PERSONNES

- 4 cailles
- 4 gousses d'ail
- 1 petite aubergine
- 2 tomates
- 1 pomme
- 1 mangue
- 50 cl de lait de coco
- 3 cuil. à soupe de coriandre hachée
- 1 citron vert
- 4 cuil. à soupe d'huile d'arachide
- Sel et poivre noir

À la cocotte, dans l'huile, faites dorer les cailles salées et poivrées pendant 10 min, en les retournant. Ajoutez l'ail pelé et coupé finement. Mélangez bien, laissez cuire 2 min à feu moyen.

Coupez l'aubergine en dés, les tomates en rondelles. Pelez et hachez la pomme et la mangue. Ajoutez l'aubergine dans la cocotte, faites cuire encore 5 min à feu doux et à couvert. Mélangez de temps en temps. Ajoutez ensuite les fruits et les tomates, le lait de coco. Portez à ébullition et laissez mijoter 35 min.

Incorporez la coriandre, le jus du citron vert et servez.

+ Servez avec un riz blanc. Proposez une bisque d'étrille en entrée, continuez avec ce plat, puis terminez avec des fondants au chocolat noir.

56

CALAMARS MIJOTÉS À LA TOMATE ET AU SAFRAN

DIFFICULTÉ : facile
COÛT : un peu cher

PRÉPARATION : 25 minutes
CUISSON : 20 minutes

Rincez les calamars pour éliminer le sable, puis égouttez-les. Dans une cocotte, faites chauffer à feu vif 6 cuil. à soupe d'huile d'olive. Salez, poivrez les calamars et faites-les sauter pendant 5 min environ. Placez-les ensuite dans une assiette.

Coupez en rondelles les tomates et les oignons. Pelez et hachez l'ail. Faites chauffer 3 cuil. à soupe d'huile toujours à feu vif et faites dorer les oignons pendant 1 min environ, puis ajoutez les tomates, l'ail, le fumet, le concentré, le safran et les calamars. Couvrez et laissez mijoter pendant 15 min.

Au terme de la cuisson, placez les calamars dans un plat de service. Videz toute la sauce dans un mixeur, ajoutez le basilic et 3 cuil. à soupe d'huile. Réduisez le tout en une fine purée très parfumée. Salez, poivrez et déposez la sauce bien chaude sur les calamars. Servez aussitôt.

POUR 4 PERSONNES

1 kg de calamars frais, nettoyés par le poissonnier
600 g de tomates
2 oignons blancs
2 gousses d'ail
1 botte de basilic
15 cl de fumet de poisson (du commerce)
1 cuil. à soupe de concentré de tomates
1 dosette de safran en poudre
12 cuil. à soupe d'huile d'olive
Sel et poivre

58 LOTTE À L'AMÉRICAINE

DIFFICULTÉ : difficile
COÛT : un peu cher

PRÉPARATION : 25 minutes
CUISSON : 35 minutes

POUR 6 PERSONNES

- 2 kg de filets de lotte coupés en morceaux (+ les arêtes)
- 4 tomates
- 1 carotte
- 1 oignon
- 4 gousses d'ail
- 1 botte de cerfeuil
- 25 cl de fumet de poisson (du commerce)
- 1 cuil. à soupe de concentré de tomates
- 20 cl de vin blanc
- 5 cl de cognac
- 80 g de beurre
- 40 g de farine
- 6 cuil. à soupe d'huile d'olive
- Sel et poivre

Salez et poivrez les morceaux de lotte. Dans un bol, mélangez 40 g de beurre avec la farine et mettez de côté.

Dans une casserole, faites fondre le reste du beurre. Ajoutez les arêtes de lotte, la carotte et l'oignon pelés et hachés, puis laissez cuire à feu doux en remuant de temps en temps pendant 5 min. Versez le cognac. Faites bouillir 1 min, puis ajoutez l'ail haché, les tomates en rondelles, le vin blanc, le fumet et le concentré de tomates. Salez, poivrez, couvrez et laisser mijoter 20 min en écumant le surface de temps en temps. Éliminez les arêtes, salez, poivrez et ajoutez le mélange beurre-farine en fouettant. Laissez bouillir doucement 1 min et sortez du feu.

Dans une cocotte, faites dorer les morceaux de lotte à l'huile d'olive pendant 4 à 5 min, puis ajoutez la sauce à la tomate. Portez à ébullition, laissez cuire doucement 10 min, sortez du feu et ajoutez le cerfeuil haché.

60 ŒUFS COCOTTES AU BACON

DIFFICULTÉ : très facile
COÛT : bon marché

PRÉPARATION : 5 minutes
CUISSON : 15 minutes

POUR 4 PERSONNES

8 tranches de bacon
2 cuil. à café de graisse d'oie ou de canard
8 œufs
1 pincée de piment en poudre
Sel, poivre du moulin

Préchauffez le four à 180 °C (th. 6). Déposez 1 petite noix de graisse de canard dans le fond de chaque cassolette, ajoutez 2 tranches de bacon par récipient et laissez dorer 5 min au four. Sortez les cassolettes, ôtez le bacon et réservez.

Cassez les œufs un à un dans une coupelle pour éviter de briser les jaunes, puis versez-les doucement dans les cassolettes à raison de 2 œufs par plat. Salez et poivrez. Passez 10 min au four en essayant de ne pas laisser durcir les jaunes. La cuisson terminée, plantez les tranches de bacon dans les blancs, puis mettez encore 1 min au four pour réchauffer le tout et servez sans tarder.

62 POIRES BRAISÉES, CRÈME, CARAMEL ET VANILLE

DIFFICULTÉ : difficile
COÛT : bon marché

PRÉPARATION : 15 minutes
CUISSON : 15 minutes

Épluchez les poires, puis évidez-les avec un vide-pomme.

Dans une cocotte, faites mousser le beurre, puis ajoutez les poires, la gousse de vanille coupée en deux dans la longueur puis taillée en tronçons, et le sucre. Faites dorer à feu assez vif pendant 2 min pour que le sucre caramélise, puis versez le vin. Couvrez et faites cuire 5 min à feu moyen.

Ajoutez la crème et le caramel. Portez à ébullition. Sortez les poires et disposez-les dans 4 coupes. Quand la sauce de cuisson vous paraît assez concentrée, légèrement épaisse, ôtez la cocotte du feu et nappez les poires. Servez chaud.

POUR 4 PERSONNES

- 4 poires pas trop mûres
- 1 gousse de vanille
- 4 cuil. à soupe de sucre
- 10 cl de vin blanc doux
- 4 à 5 cuil. à soupe de crème fraîche
- 3 cuil. à soupe de caramel du commerce
- 1 belle noix de beurre

64 POIRES AU VIN ROUGE

DIFFICULTÉ : facile
COÛT : raisonnable

PRÉPARATION : 20 minutes
CUISSON : 25 minutes
REPOS : 24 heures

POUR 4 PERSONNES

- 4 grosses poires
- 2 citrons
- 1,5 l de vin rouge
- 300 g de sucre
- 1 gousse de vanille
- 1 petit bâton de cannelle
- 1 anis étoilé
- 5 grains de poivre

Pelez les poires, puis évidez-les avec un vide-pomme pour éliminer le cœur et tous les pépins. Plongez-les dans un grand saladier d'eau fraîche additionnée du jus d'un citron afin qu'elles restent bien blanches et réservez.

Dans une cocotte, mélangez le vin, 25 cl d'eau, le sucre, le jus du second citron, la gousse de vanille partagée en deux dans la longueur, la cannelle, l'anis étoilé et le poivre. Portez à ébullition, puis laissez frémir 5 min à feu doux.

Plongez les demi-poires dans le liquide brûlant, puis faites-les pocher pendant 15 à 20 min environ sans ne jamais laisser bouillir la préparation, puis ôtez du feu. Laissez refroidir, puis placez au réfrigérateur pendant 24 h.

Placez les poires dans les assiettes (entières, coupées en deux ou émincées) et servez-les avec leur jus de cuisson.

+ Choisissez des poires encore légèrement fermes car la cuisson va les ramollir. Gardez le jus de cuisson pour pocher d'autres poires.

66 CAROTTES MIJOTÉES AU MIEL

DIFFICULTÉ : facile
COÛT : raisonnable

PRÉPARATION : 10 minutes
CUISSON : 25 minutes

POUR 4 PERSONNES

600 g de carottes en rondelles (fraîches ou surgelées)
8 oignons nouveaux
4 cuil. à soupe d'huile d'olive

Pour la sauce

1 citron
1 orange
1 botte de ciboulette
1 cuil. à café de graines d'anis (facultatif)
3 cuil. à soupe de miel
6 cuil. à soupe d'huile d'olive
Sel et poivre

Faites chauffer à feu moyen l'huile d'olive dans une cocotte. Rincez les oignons, éliminez les fanes, coupez-les en grosses rondelles, puis faites-les cuire pendant 5 min. Ajoutez les carottes, mélangez, salez, poivrez, couvrez et laissez cuire lentement 25 min en remuant de temps en temps. Goûtez les carottes : gardez-les légèrement fermes.

Pressez les agrumes. Hachez la ciboulette. Pilez les graines d'anis. Mélangez les ingrédients de la sauce et versez-les sur les carottes. Mélangez, laissez cuire encore 5 min.

MANGUE MIJOTÉE AU THÉ À LA MENTHE

DIFFICULTÉ : facile
COÛT : raisonnable

PRÉPARATION : 15 minutes
CUISSON : 15 minutes
INFUSION : 5 minutes

POUR 4 PERSONNES

4 mangues
20 cl de thé (type thé « russe »)
6 feuilles de menthe
3 cuil. à soupe de sucre roux
2 belles noix de beurre

Pelez les mangues, coupez-les dans la longueur, le long du noyau, pour obtenir 8 demi-mangues. Faites-les dorer et caraméliser dans la cocotte avec 1 noix de beurre et le sucre pendant 3 à 4 min. Versez le thé par-dessus, couvrez et laissez cuire doucement pendant 5 min.

Déposez les demi-mangues cuites dans des petites assiettes. Faites bouillir le jus de cuisson pour le concentrer. Hors du feu, ajoutez le beurre restant et la menthe hachée. Nappez les mangues de sauce. Servez.

68

PRUNEAUX, THÉ FUMÉ ET CITRONNELLE

DIFFICULTÉ : facile
COÛT : raisonnable

PRÉPARATION : 15 minutes
CUISSON : 15 minutes
REPOS : 3 heures

POUR 4 PERSONNES

12 pruneaux
1 citron vert non traité
1 tige de citronnelle
2 cuil. à soupe de thé Lapsang Souchong
100 g de sucre
1 noix de beurre

Faites frémir 1 l d'eau et ajoutez le thé hors du feu. Couvrez et laissez infuser 5 min. Épluchez et hachez la citronnelle. Sucrez l'infusion, filtrez et faites frémir.

Dans une cocotte, faites revenir la citronnelle dans le beurre, à feu très doux, pendant 2 min. Ajoutez les pruneaux et le thé puis laissez refroidir.

Prélevez 2 zestes sur le citron vert et coupez-les finement. Pressez-les. Servez les pruneaux arrosés de jus d'infusion et de gouttes de citron vert.

70 BANANES MIJOTÉES AU RHUM

DIFFICULTÉ : facile
COÛT : raisonnable

PRÉPARATION : 10 minutes
CUISSON : 10 minutes
REPOS : 30 minutes

POUR 4 PERSONNES

4 bananes (pas trop mûres)
1 verre de smoothie « exotique »
1 tranche de pain d'épice
½ verre de rhum
4 cuil. à soupe de sucre roux
4 pincées de cannelle
1 grosse noix de beurre

Ôtez la peau des bananes. Placez-les dans une assiette. Versez le rhum et le sucre par-dessus, couvrez d'un film alimentaire. Laissez reposer 30 min.

Mettez la noix de beurre à température ambiante pour qu'elle ramollisse. Réduisez le pain d'épice en chapelure.

Dans la cocotte, faites cuire les bananes, le sucre et le rhum pendant 5 min à feu doux. Versez le smoothie et laissez cuire encore 5 min.

Mélangez le beurre mou, la chapelure de pain d'épice et la cannelle. Incorporez ce mélange au jus des bananes. Mélangez délicatement. Laissez cuire pendant 1 min environ et servez bien chaud.

+ Quand vous préparez des recettes avec des fruits cuits, pensez toujours à les prendre légèrement fermes. Dans cette recette, la peau de la banane doit être encore un peu verte. Si votre cocotte vous sert aussi à faire des recettes salées (ce qui est sans doute le cas), pensez toujours à y verser de l'eau et à la faire bouillir 2 min avant de préparer votre recette sucrée. De cette manière vous éviterez à vos desserts de prendre la saveur des recettes précédentes... Remplacez la cannelle par du mélange quatre-épices ou une petite pointe de gingembre fraîchement haché.

72 FIGUES ET FRUITS SECS EN COCOTTE

DIFFICULTÉ : facile
COÛT : raisonnable

PRÉPARATION : 15 minutes
CUISSON : 8 minutes

POUR 4 PERSONNES

- 8 belles figues
- ½ citron
- 4 abricots secs
- 2 cuil. à soupe de raisins secs
- 2 cuil. à soupe de noix
- 2 cuil. à soupe de noisettes
- 2 cuil. à soupe d'amandes entières pelées
- 3 cuil. à soupe de sucre roux
- 15 cl de vin blanc doux
- 6 cuil. à soupe de crème fraîche
- 3 noix de beurre

Rincez, puis essuyez les figues. Faites chauffer la cocotte avec 2 noix de beurre. Ajoutez les noix, les noisettes, les amandes et le sucre. Faites caraméliser, puis ajoutez les figues et faites colorer pendant 1 min. Ajoutez le jus du demi-citron et le vin. Couvrez et laissez cuire 2 à 3 min, selon la maturité des figues.

Sortez les figues de la cocotte et placez-les sur un plat. Faites bouillir le jus de cuisson quelques instants pour le concentrer, ajoutez la crème fraîche et la dernière noix de beurre. Fouettez bien, puis retirez du feu. Goûtez et, le cas échéant, sucrez encore.

Replongez les figues dans la sauce. Faites frémir, sans laisser bouillir. Ajoutez les abricots secs coupés en morceaux et les raisins. Servez les figues bien chaudes avec leur sauce et les fruits secs.

74

POMMES BRAISÉES AU BEURRE DEMI-SEL

DIFFICULTÉ : facile
COÛT : raisonnable

PRÉPARATION : 5 minutes
CUISSON : 15 à 20 minutes

Pelez les pommes, éliminez le cœur avec un couteau, coupez-les en quartiers. Pressez le citron et citronnez les pommes avec la moitié du jus.

Dans une cocotte, faites dorer les pommes dans le beurre doux pendant 5 min, en remuant de temps en temps.

Mélangez, dans un saladier, la vergeoise, le beurre demi-sel, le rhum, la chapelure, les épices, le reste de jus de citron et le jus d'orange. Versez sur les pommes et comptez 10 min de cuisson. Retournez-les de temps à autre.

POUR 4 PERSONNES

- 4 belles pommes
- 1 citron
- ½ orange
- 4 cuil. à soupe de vergeoise
- 4 noix de beurre demi-sel
- 8 cuil. à soupe de rhum
- 1 cuil. à soupe de chapelure
- 4 pincées de quatre-épices
- 2 noix de beurre doux, pour la cuisson

76 ANANAS BRAISÉ À LA VANILLE

DIFFICULTÉ : facile
COÛT : raisonnable

PRÉPARATION : 15 minutes
CUISSON : 30 minutes

POUR 4 PERSONNES

1 bel ananas, mûr à point
3 cuil. à soupe de miel
3 gousses de vanille
20 cl de rhum
20 cl de jus d'orange
2 noix de beurre

Coupez le sommet, la base, puis ôtez l'écorce de l'ananas. Éliminez les morceaux de peau restants.

Faites mousser le beurre dans une cocotte de taille adaptée, puis ajoutez l'ananas entier et le miel. Faites-le cuire ainsi, à feu modéré, en le retournant de temps en temps, pendant 6 à 8 min.

Pendant ce temps, coupez les gousses en deux dans la longueur et récupérez les petites graines noires. Mélangez-les avec le rhum.

Versez le rhum à la vanille, les gousses et le jus d'orange dans la cocotte. Couvrez et laissez cuire 15 min, en retournant le fruit une fois.

Placez l'ananas sur une planche à découper. Découpez-le en grosses tranches, disposez-les dans des assiettes, nappez avec le jus vanillé et décorez avec les gousses coupées.

\+ Essayez cette recette avec des ananas Victoria en comptant 1 ananas pour 2 personnes. Remplacez le rhum et le jus d'orange par un autre alcool (un pineau, par exemple) ou alors par du jus d'ananas tout simplement.

78

COCOTTES DE RIZ AU LAIT À L'ORANGE

DIFFICULTÉ : facile
COÛT : raisonnable

PRÉPARATION : 10 minutes
CUISSON : 20 minutes

Faites bouillir un fond d'eau dans une casserole et faites cuire le riz pendant 5 min après la reprise de l'ébullition. Épluchez les oranges en essayant de détacher l'écorce en une seule fois.

Mettez le lait dans une cocotte avec le sucre, les écorces d'orange et le bâton de cannelle et portez à ébullition. Égouttez le riz et ajoutez-le au lait bouillant. Faites cuire à feu doux pendant 20 min jusqu'à ce que le riz ait absorbé le lait. Retirez le bâton de cannelle et les écorces d'orange. Ajoutez alors l'œuf et mélangez bien.

Réservez le riz au lait au frais. Au moment de servir vous pouvez fouetter la crème liquide bien froide en chantilly et l'incorporer délicatement au riz au lait pour un effet crémeux assuré !

POUR 4 PERSONNES

100 g de riz rond
2 oranges
1 l de lait entier
100 g de sucre en poudre
1 bâton de cannelle
1 œuf
20 cl de crème liquide bien fraîche (facultatif)

PÊCHES AU MUSCAT ET FRAMBOISES

DIFFICULTÉ : facile
COÛT : raisonnable

PRÉPARATION : 20 minutes
CUISSON : 20 minutes

POUR 4 À 6 PERSONNES

6 pêches
1 gousse de vanille
50 cl de muscat doux
125 g de sucre en poudre
250 g de framboises

Faites bouillir un grand volume d'eau et plongez-y les pêches pendant 1 min. Égouttez-les, passez-les sous l'eau froide et épluchez-les délicatement. Coupez la gousse de vanille en deux dans le sens de la longueur et grattez l'intérieur avec un petit couteau afin de récolter les graines.

Dans une cocotte, faites chauffer le muscat, le sucre et les graines de vanille et plongez-y les pêches pour 20 min à feu doux. Elles doivent rester entières. Retirez-les et continuez à faire chauffer le contenu de la cocotte afin de réduire de moitié le sirop de cuisson. Servez les pêches avec le jus réduit et quelques framboises.

80 AGNEAU MIJOTÉ AU CURRY

DIFFICULTÉ : facile
COÛT : raisonnable

PRÉPARATION : 30 minutes
CUISSON : 1 heure 10

POUR 6 À 8 PERSONNES

- 1,5 kg d'épaule d'agneau sans os
- Huile de tournesol
- 1 cuil. à soupe de farine
- 2 cuil. à soupe de curry
- 1 pomme
- 1 banane
- 1 mangue
- 4 tomates
- 3 gousses d'ail
- 3 oignons
- 20 cl de jus d'orange
- Le jus d'1 citron vert
- 50 cl de fond de volaille, ou de veau ou déshydraté du commerce
- Sel et poivre

Coupez la viande en morceaux de la taille d'une grosse noix. Salez et poivrez. Faites chauffer à feu vif un peu d'huile de tournesol dans une poêle. Faites dorer tous les morceaux de viande pendant 10 min environ. Puis, faites chauffer de l'huile dans une cocotte à feu moyen et placez-y la viande. Ajoutez la farine, le curry et faites cuire 1 à 2 min en remuant.

Épluchez et épépinez la pomme. Épluchez la banane et la mangue, puis coupez tous ces fruits en dés. Coupez les tomates en tranches. Hachez les gousses d'ail. Émincez les oignons. Ajoutez-les dans la cocotte et laissez cuire pendant 5 min en remuant. Incorporez ensuite la pomme, la banane et la mangue. Versez le jus d'orange, le jus de citron vert et le bouillon. Ajoutez aussi les tomates et l'ail. Salez et poivrez, puis couvrez la cocotte. Portez à ébullition avant de réduire le feu et de laisser mijoter pendant 50 min. Retirez de temps en temps la graisse qui apparaît à la surface.

Vérifiez l'assaisonnement et servez bien chaud avec du chutney de mangue et du riz blanc.

82 SAUTÉ D'AGNEAU AUX ASPERGES

DIFFICULTÉ : facile
COÛT : raisonnable

PRÉPARATION : 30 minutes
CUISSON : 1 heure 10

POUR 6 À 8 PERSONNES

- 1,5 kg d'épaule d'agneau sans os
- 2 oignons
- Huile de tournesol
- 1 cuil. à soupe de farine bombée
- 20 cl de vin blanc sec
- 4 tomates
- 3 gousses d'ail
- 1 bouquet garni
- 60 cl de fond de volaille, ou de veau, déshydraté du commerce
- 1 cuil. à soupe de concentré de tomate
- 20 asperges
- 1 botte de ciboulette
- Sel et poivre noir

Coupez la viande en cubes ou faites-le faire par votre boucher. Salez-la et poivrez-la. Épluchez et coupez les oignons. Dans une cocotte, faites chauffer un peu d'huile de tournesol et faites rissoler la viande 10 min environ avec les oignons. Procédez par petites quantités pour que tous les morceaux soient bien colorés.

Réunissez toute la viande dans la cocotte et ajoutez la farine. Faites cuire à feu modéré pendant 5 min tout en mélangeant. Versez ensuite le vin et faites bouillir, toujours en remuant, pendant 2 min. Coupez les tomates en cubes. Hachez l'ail. Incorporez les tomates, l'ail, le bouquet garni, le fond de volaille et le concentré de tomate dans la cocotte. Portez à ébullition. Retirez la graisse qui apparaît en surface avec une cuillère.

Couvrez la cocotte et laissez mijoter à feu doux pendant 45 min environ. Goûtez la viande : elle doit être tendre. Salez et poivrez. Éliminez le bouquet garni et dégraissez la sauce avec une cuillère.

Épluchez les asperges. Réunissez-les en deux

bottes avec de la ficelle de cuisine et cuisez-les dans de l'eau bouillante salée en les conservant légèrement fermes.

Égouttez les asperges, puis coupez-les en trois dans la largeur. Hachez la ciboulette. Ajoutez les asperges et la ciboulette dans la sauce. Faites chauffer à feu vif en remuant, et laissez mijoter encore 5 min environ. Servez bien chaud.

84

COQUELETS SAUTÉS AUX ÉCHALOTES ET ESTRAGON

DIFFICULTÉ : difficile
COÛT : un peu cher

PRÉPARATION : 15 minutes
CUISSON : 45 minutes

POUR 4 PERSONNES

2 coquelets
Huile de tournesol
6 échalotes
5 cl de vinaigre de xérès
15 cl de vin blanc
35 cl de fond de veau déshydraté du commerce
1 cuil. à soupe rase de Maïzena
2 bottes d'estragon
1 noix de beurre
Sel et poivre noir

Coupez les coquelets en deux ou faites-le faire par votre boucher. Salez et poivrez. Faites chauffer un peu d'huile de tournesol dans une cocotte, faites revenir les coquelets pendant 15 min en les retournant de temps en temps pour bien les faire dorer. Hachez les échalotes. Éliminez la graisse de la cocotte et ajoutez les échalotes. Mélangez et laissez cuire 2 min. Versez le vinaigre et le vin blanc. Laissez bouillir 2 min environ.

Ajoutez le fond de veau, couvrez la cocotte et laissez mijoter doucement pendant 25 min environ. Retirez les coquelets et réservez-les dans un plat. Retirez la graisse du jus de cuisson avec une cuillère. Mélangez la Maïzena avec 3 cuil. à soupe d'eau et versez cette préparation dans la sauce en fouettant. Portez à toute petite ébullition et laissez cuire 2 min.

Hachez l'estragon. Salez et poivrez la sauce. Ajoutez l'estragon et la noix de beurre en mélangeant. Versez ce jus sur les morceaux de coquelets et servez aussitôt avec une bonne purée de pommes de terre ou des pâtes au beurre.

86 POULE À LA SAUCE SUPRÊME

DIFFICULTÉ : difficile
COÛT : raisonnable

PRÉPARATION : 30 minutes
CUISSON : 1 heure 40

POUR 4 À 6 PERSONNES

2 oignons
2 carottes
1 grosse poule
500 g d'ailerons de poulet
2 blancs de poireau
1 branche de céleri
1 bouquet garni
75 g de beurre
60 g de farine
35 cl de crème fraîche
1 citron
Sel et poivre

Épluchez les oignons et les carottes. Placez la poule dans une marmite avec les ailerons de poulet et recouvrez-les d'1 cm d'eau froide. Portez à ébullition et retirez l'écume qui apparaît à la surface. Ajoutez tous les légumes et le bouquet garni, puis faites mijoter à feu doux pendant 1 h 30 sans couvrir.

Pendant ce temps, faites fondre le beurre dans une casserole, puis ajoutez la farine. Mélangez avec un fouet, faites cuire à feu doux pendant 1 min et ôtez du feu. Égouttez la poule et les légumes en éliminant les ailerons. Disposez la viande et les légumes dans un plat et recouvrez de film alimentaire.

Dégraissez le bouillon de cuisson avec une cuillère et récupérez-en 65 cl. Versez-les dans une casserole et portez à petite ébullition. Ajoutez le mélange farine et beurre en fouettant. Ajoutez la crème, puis laissez mijoter très doucement pendant 5 min.

Salez et poivrez la sauce. Ajoutez quelques gouttes de jus de citron, puis servez-la avec la poule et ses légumes. Accompagnez ce plat de riz blanc et de légumes verts à la vapeur.

88

POULET COCOTTE MÈRE-GRAND AUX CÈPES

DIFFICULTÉ : facile
COÛT : raisonnable

PRÉPARATION : 30 minutes
CUISSON : 1 heure

POUR 4 À 6 PERSONNES

1 poulet fermier
Huile de tournesol
100 g de lardons
300 g de champignons de Paris
300 g de cèpes (facultatif)
2 échalotes
200 g de petits oignons nouveaux
1 verre de vin blanc sec
30 cl de fond de veau déshydraté du commerce
1 noix de beurre
1 botte de ciboulette
Sel et poivre noir

Coupez le poulet en morceaux ou faites-le faire par votre boucher. Salez et poivrez. Faites chauffer un peu d'huile de tournesol dans une cocotte, faites dorer le poulet à feu vif sur toutes les faces pendant 15 min environ.

Dans une casserole d'eau chaude, ébouillantez les lardons. Coupez les champignons de Paris en tranches. Émincez les cèpes et hachez les échalotes. Éliminez la graisse de la cocotte et ajoutez les lardons, les oignons, les champignons de Paris, les cèpes et les échalotes. Mélangez, couvrez la cocotte et laissez cuire pendant 5 min.

Versez le vin blanc, laissez bouillir 5 min, puis ajoutez le fond de veau. Couvrez et laissez cuire pendant 35 min. Dégraissez la sauce avec une cuillère. Ajoutez la noix de beurre, mélangez et rectifiez l'assaisonnement si nécessaire.

Hachez la ciboulette et saupoudrez sur le poulet. Servez-le avec ses champignons et son jus de cuisson bien chaud.

90

POULET MIJOTÉ AU LAIT DE COCO, CITRON VERT ET CITRONNELLE

DIFFICULTÉ : facile
COÛT : bon marché

PRÉPARATION : 20 minutes
CUISSON : 55 minutes

POUR 4 À 6 PERSONNES

- 1 poulet
- 2 oignons
- 4 gousses d'ail
- 1 pomme
- 1 mangue
- 1 tige de citronnelle
- 1 aubergine
- 2 tomates
- 3 cuil. à soupe de coriandre
- 4 cuil. à soupe d'huile d'arachide
- 20 cl de fond de volaille déshydraté du commerce
- 30 cl de lait de coco
- 1 citron vert
- Sel et poivre noir

Coupez le poulet en morceaux ou faites-le faire par votre boucher. Épluchez et hachez les oignons et les gousses d'ail. Épluchez et épépinez la pomme. Pelez la mangue et coupez des morceaux tout autour du noyau. Épluchez et émincez la tige de citronnelle. Coupez l'aubergine en petits dés et émincez les tomates. Hachez la coriandre.

Salez et poivrez les morceaux de poulet. Faites chauffer l'huile d'arachide dans une cocotte suffisamment grande. Faites dorer, à feu assez vif, les morceaux de poulet pendant 10 min environ. Retournez-les de temps en temps.

Videz la graisse de la cocotte, versez un peu d'huile propre, puis ajoutez les oignons et l'ail. Mélangez bien et laissez cuire 5 min à feu modéré. Pendant ce temps, mixez la pomme avec la mangue. Ajoutez l'aubergine dans la cocotte, faites cuire encore 5 min à feu doux et à couvert. Mélangez de temps en temps pour que le fond n'accroche pas.

Ajoutez ensuite les fruits mixés, la citronnelle, les tomates, le fond de volaille et le lait de coco. Portez à ébullition et laissez mijoter 35 min à couvert. Pressez le citron vert. Retirez la graisse de la sauce, puis incorporez la coriandre et le jus du citron vert. Salez et poivrez.

92

POULET MIJOTÉ AUX POIVRONS ET THYM FRAIS

DIFFICULTÉ : facile
COÛT : bon marché

MARINADE : 1 nuit
PRÉPARATION : 30 minutes
CUISSON : 55 minutes

POUR 4 À 6 PERSONNES

4 poivrons (jaunes, rouges et verts)
2 belles branches de thym frais
1 poulet fermier
Huile d'olive
6 gousses d'ail
2 oignons
4 tomates
20 cl de vin rosé
10 cl de coulis de tomate
1 botte de basilic
Sel et poivre

La veille, épépinez les poivrons et coupez-les en lanières plus ou moins régulières. Effeuillez les branches de thym. Coupez le poulet en morceaux. Dans un grand saladier, mélangez les morceaux de poulet avec les poivrons, le thym et 6 cuil. à soupe d'huile d'olive. Couvrez et placez au réfrigérateur pendant 1 nuit.

Le lendemain, séparez les légumes et la viande dans deux assiettes. Faites sauter le poulet avec un peu d'huile d'olive dans une cocotte chauffée à feu vif pendant 15 min environ. Épluchez et écrasez les gousses d'ail. Coupez les oignons en tranches fines. Quand les morceaux de viande sont bien dorés, éliminez la graisse, remplacez-la, puis ajoutez l'ail et les oignons. Mélangez et laissez cuire à couvert et à feu modéré pendant 5 min.

Coupez les tomates. Ajoutez les poivrons dans la cocotte, salez et poivrez. Mélangez, couvrez et laissez cuire pendant 5 min. Incorporez enfin les tomates, le vin et le coulis. Couvrez et laissez mijoter à couvert pendant 30 min. Hachez grossièrement les feuilles de la botte de basilic, puis incorporez-les au poulet au terme de la cuisson.

94

FRICASSÉE DE VOLAILLE À L'ANCIENNE

DIFFICULTÉ : facile
COÛT : bon marché

PRÉPARATION : 30 minutes
CUISSON : 55 minutes

POUR 4 À 6 PERSONNES

1 poulet fermier
40 g de beurre
1 oignon
1 carotte
1 blanc de poireau
1 branche de céleri
2 gousses d'ail
60 cl de fond de volaille déshydraté du commerce
40 g de farine
1 bouquet garni
25 cl de crème fraîche
Sel et poivre

Pour la garniture
½ citron
300 g de champignons de Paris
300 g d'oignons nouveaux
40 g de beurre

Coupez le poulet en morceaux ou faites-le faire par votre boucher. Salez et poivrez les morceaux. Faites fondre le beurre dans une cocotte à feu moyen. Faites « raidir », c'est-à-dire cuire sans colorer, les morceaux de volaille pendant 10 min. Retournez-les une fois. Épluchez et hachez l'oignon, la carotte, le blanc de poireau, le céleri et les gousses d'ail. Ajoutez tous les légumes dans la cocotte et laissez cuire pendant 5 min en remuant de temps en temps.

Dans une casserole, portez à ébullition le fond de volaille. Ajoutez la farine dans la cocotte et faites cuire 5 min en mélangeant de temps en temps. Ajoutez le fond de volaille bouillant et le bouquet garni. Couvrez la cocotte et faites mijoter pendant 40 min.

Pendant ce temps, préparez la garniture. Pressez le demi-citron. Assemblez les champignons, les oignons nouveaux, le beurre et le jus du demi-citron dans une casserole. Ajoutez 10 cl d'eau, du sel et du poivre. Couvrez, portez à ébullition et laissez cuire pendant 10 min environ. Égouttez et réservez.

Quand le poulet est cuit, retirez le bouquet garni. Ajoutez la crème, rectifiez l'assaisonnement si nécessaire et incorporez les oignons et les champignons cuits dans la cocotte. Portez à petite ébullition pendant 1 min et servez sans attendre avec des pommes de terre vapeur. Essayez cette recette en ajoutant 1 belle cuil. à café de moutarde à l'ancienne dans la crème fraîche. Trop bon !

96

LAPIN MIJOTÉ AUX CHAMPIGNONS

DIFFICULTÉ : très facile
COÛT : raisonnable

PRÉPARATION : 30 minutes
CUISSON : 1 heure

POUR 4 À 6 PERSONNES

- 1 lapin
- 200 g de petits champignons de Paris
- 200 g de girolles
- 200 g de cèpes
- 100 g de trompettes-de-la-mort
- 4 échalotes
- 1 gousse d'ail
- Huile d'arachide
- 1 cuil. à soupe de farine
- 20 cl de vin blanc sec
- 40 cl de fond de veau déshydraté du commerce
- 2 belles noix de beurre
- 2 cuil. à soupe de persil plat
- Sel et poivre noir

Faites découper le lapin en morceaux par votre boucher. Lavez tous les champignons. Attention, ils ne doivent pas être gorgés d'eau. Hachez finement les échalotes et la gousse d'ail. Salez et poivrez le lapin.

Dans une cocotte, faites chauffer un peu d'huile d'arachide et faites dorer tous les morceaux de lapin à feu vif pendant 15 min environ. Ajoutez la farine, mélangez, puis réduisez l'intensité du feu. Couvrez la cocotte et laissez cuire ainsi pendant 10 min environ en retournant le lapin de temps en temps.

Ajoutez les échalotes dans la cocotte et laissez-les cuire quelques minutes à feu doux. Ajoutez tous les champignons. Mélangez, couvrez la cocotte et laissez cuire pendant 6 à 8 min en mélangeant de temps en temps.

Versez le vin blanc. Faites bouillir, couvrez et laissez mijoter 5 min. Versez le fond de veau et laissez cuire lentement pendant 30 min à couvert. Ôtez la cocotte du feu. Retirez la graisse de la sauce. Incorporez enfin le beurre, le persil et l'ail en agitant délicatement avec une cuillère en bois. Servez aussitôt.

98 BŒUF EN SAUCE AU BERGERAC

DIFFICULTÉ : facile
COÛT : un peu cher

PRÉPARATION : 15 minutes
CUISSON : 2 heures 30

Coupez la viande en morceaux. Faites chauffer de l'huile de tournesol dans une poêle à feu vif. Faites sauter les oignons et les carottes pendant 5 min et réservez-les. Faites ensuite dorer les morceaux de bœuf en deux ou trois fois, selon la taille de votre poêle, pendant 10 min.

Dans une cocotte, assemblez la viande, les légumes, le bergerac, le bouillon et le bouquet garni. Salez, poivrez et portez à ébullition. Couvrez et laissez cuire à petit feu pendant 2 h environ. Goûtez la viande : elle doit être bien tendre. Quand celle-ci est cuite, égouttez-la et réservez-la dans un saladier. Maintenez le jus de cuisson au chaud dans la cocotte, et dégraissez-le.

Faites cuire la farine et le beurre dans une casserole pendant 2 min à feu doux. Ajoutez le mélange beurre et farine encore chaud dans la cocotte en fouettant fortement. Goûtez la sauce, salez et poivrez si nécessaire. Replacez la viande cuite dans la sauce et laissez cuire encore pendant 20 min environ. Hachez finement l'ail et le persil. Supprimez le bouquet garni de la cocotte. Incorporez l'ail et le persil. Servez très chaud.

POUR 6 À 8 PERSONNES

1,5 kg de gîte de bœuf désossé ou de paleron
Huile de tournesol
3 oignons
3 carottes
1 l de vin de bergerac rouge
1 l de bouillon de viande ou de fond de veau déshydraté du commerce
1 bouquet garni
65 g de farine
90 g de beurre
3 gousses d'ail
½ botte de persil plat
Sel et poivre noir

100

OSSO-BUCO MIJOTÉ AU SAFRAN

DIFFICULTÉ : facile

COÛT : un peu cher

PRÉPARATION : 25 minutes

CUISSON : 1 heure 40

Salez et poivrez la viande. Dans une grande poêle, faites chauffer de l'huile de tournesol à feu vif et faites colorer les morceaux de veau. Hachez la carotte, les oignons et les gousses d'ail. Versez de l'huile de tournesol dans une cocotte et placez ensuite les morceaux de veau colorés. Ajoutez la farine, la carotte, les oignons et l'ail. Laissez cuire 5 min environ en mélangeant très souvent.

Émincez les tomates. Ajoutez le bouquet garni, les tomates, le safran et le concentré de tomate dans la cocotte. Versez le jus d'orange, le vin blanc et le bouillon. Couvrez la cocotte et laissez cuire à feu doux pendant 1 h 20 environ. L'ébullition doit être régulière et constante.

Quand la viande est cuite, éliminez le bouquet garni. Goûtez la sauce et, si nécessaire, ajoutez un peu de sel et de poivre. Ajoutez la crème et laissez cuire 5 min. Servez bien chaud avec un riz blanc nature.

POUR 6 PERSONNES

6 belles tranches de jarret de veau avec os
Huile de tournesol
1 carotte
2 oignons
5 gousses d'ail
50 g de farine
600 g de tomates
1 bouquet garni
2 pincées de pistils de safran
1 cuil. à soupe de concentré de tomate
20 cl de jus d'orange
10 cl de vin blanc
40 cl de bouillon ou de fond de veau déshydraté du commerce
20 cl de crème fraîche
Sel et poivre noir fraîchement moulu

102 POT-AU-FEU DE JARRETS

DIFFICULTÉ : facile
COÛT : un peu cher

REPOS : 1 nuit
PRÉPARATION : 15 minutes
CUISSON : 3 heures 30

POUR 8 À 10 PERSONNES

- 1 jarret de porc demi-sel
- 1,5 kg de jarret de boeuf tranché avec os
- 1 jarret de veau
- 1 garniture pour pot-au-feu
- Gros sel
- 10 grains de poivre noir

Faites tremper le jarret de porc dans de l'eau froide durant une nuit.

Le lendemain, plongez toutes les viandes dans une marmite d'eau froide (environ 4 à 5 l) et portez à ébullition. Éliminez l'écume qui se forme naturellement à la surface. Laissez cuire 30 min et retirez le veau et le porc. Poursuivez la cuisson à petit feu pendant 1 h. Replongez le veau et le porc et laissez cuire à nouveau 1 h, toujours à petit feu.

Ajoutez la garniture pour pot-au-feu, 1 cuil. à soupe de gros sel et les grains de poivre. Laissez cuire encore 1 h, très lentement.

À ce stade, toutes les viandes et les légumes doivent être parfaitement cuits. Égouttez-les délicatement et servez très chaud en essayant de répartir au mieux le bœuf, le veau et le porc dans les assiettes. N'oubliez pas de servir ce plat avec du gros sel, de la moutarde et des cornichons. Si vous servez le bouillon, dégraissez-le avant.

104 CAILLES MIJOTÉES AU CURRY

DIFFICULTÉ : facile
COÛT : raisonnable

PRÉPARATION : 30 minutes
CUISSON : 40 minutes

POUR 4 PERSONNES

- 1 oignon
- 1 cuil. à café de gingembre frais
- 2 gousses d'ail
- 1 poivron rouge
- 1 poivron vert
- 1 pomme
- 4 cailles prêtes à cuire
- Huile d'arachide
- 2 cuil. à soupe de curry en poudre
- 1 cuil. à soupe de sucre en poudre
- Le jus de 2 citrons verts
- Le jus d'1 orange
- 25 cl de fond de volaille déshydraté du commerce
- 20 cl de lait de coco
- Sel et poivre noir

Hachez l'oignon, le gingembre et les gousses d'ail. Coupez les poivrons en lanières. Pelez la pomme et coupez-la en petits dés.

Salez et poivrez les cailles. Faites chauffer un peu d'huile dans une cocotte suffisamment grande. Faites dorer les cailles pendant 8 à 10 min environ.

Retirez la graisse de la cuisson, versez un peu d'huile propre, puis ajoutez l'oignon, le gingembre, l'ail, les poivrons, la pomme, le curry et le sucre. Couvrez la cocotte, puis laissez cuire à feu doux pendant 5 min en remuant de temps en temps. Ajoutez les jus de fruits et le fond de volaille. Portez à ébullition et laissez cuire 5 min.

Versez le lait de coco. Faites cuire très lentement, à couvert, pendant 20 min. Salez et poivrez à votre convenance. Accompagnez cette recette de chutney de mangue.

+ Avec une purée de pommes de terre à l'huile d'olive, c'est divin...
Si vous ne faites pas d'entrée, prévoyez 2 cailles par personne.
Pas la peine de cuire les cailles pendant des heures, elles sont toutes petites et se dessèchent très vite...

106 ZARZUELA

DIFFICULTÉ : difficile
COÛT : un peu cher

PRÉPARATION : 25 minutes
CUISSON : 55 minutes

Préparez le bouillon. Coupez le poisson en tranches ou faites-le faire par votre poissonnier. Hachez l'oignon et le poireau. Coupez les tomates en tranches et épluchez l'ail.

Dans une cocotte, faites chauffer l'huile d'olive à feu moyen, puis ajoutez le poisson. Faites cuire pendant 1 min en mélangeant. Ajoutez l'oignon et le poireau et faites cuire 2 min. Ajoutez les tomates et l'ail. Couvrez la cocotte et laissez cuire à feu doux 10 min. Ajoutez le vin, le fumet, le safran et laissez cuire à feu doux 40 min. Filtrez la préparation à l'aide d'un moulin à purée pour bien presser la pulpe du poisson et des légumes, et récupérez le bouillon. Salez et poivrez.

Épluchez les pommes de terre et faites-les cuire pendant 20 à 25 min à l'eau bouillante. Rincez les calamars pour retirer le sable. Coupez la lotte en morceaux et les filets de daurade en deux. Dans une cocotte, versez le bouillon. Ajoutez les pommes de terre, la lotte, la daurade, les rougets, les moules, les langoustines et les calamars. Couvrez la cocotte et faites cuire à feu doux pendant 10 min environ. Servez brûlant.

POUR 6 PERSONNES

Pour le bouillon

1 kg de rougets grondins
ou poissons de roches
1 oignon
1 blanc de poireau
500 g de tomates
6 gousses d'ail
6 cuil. à soupe d'huile d'olive
10 cl de vin blanc sec
40 cl de fumet de poisson
1 pincée de safran
Sel et poivre

Pour le poisson et les légumes

400 g de petites pommes de terre
300 g de calamars
coupés en anneaux
600 g de lotte
500 g de filets de daurade
3 rougets
6 moules d'Espagne prêtes à cuire
6 langoustines

108 PETIT RAGOÛT D'ESCARGOTS

DIFFICULTÉ : facile
COÛT : raisonnable

PRÉPARATION : 25 minutes
CUISSON : 25 minutes

Coupez l'oignon en petits dés ou hachez-le. Faites de même pour la carotte et le céleri. Dans une petite cocotte, faites fondre 1 noix de beurre à feu moyen, puis faites cuire les cèpes et les légumes pendant 5 min en mélangeant souvent.

Égouttez les escargots et coupez-les en deux s'ils sont trop gros. Ajoutez-les à la cocotte. Laissez cuire lentement pendant 5 min. Salez, poivrez et versez l'armagnac. Faites-le évaporer complètement, puis ajoutez le fond de veau. Faites mijoter pendant 15 min.

Hachez l'ail et le persil. Ajoutez la crème dans la cocotte. Laissez cuire 5 min, puis incorporez l'ail et le persil. Vérifiez l'assaisonnement. Ajoutez 1 noix de beurre en mélangeant et servez bien chaud.

POUR 4 PERSONNES

1 oignon
1 carotte
1 branche de céleri
300 g de cèpes surgelés
2 noix de beurre
300 g d'escargots en boîte
5 cl d'armagnac
25 cl de fond de veau maison
(voir recette p. 116)
ou déshydraté du commerce
2 gousses d'ail
½ botte de persil
15 cl de crème fraîche
Sel et poivre

\+ Vous pouvez servir ce ragoût dans des croûtes de pâte feuilletée.
Si la sauce vous paraît trop liquide, épaississez-la en ajoutant 1 noix de beurre mélangée avec 1 cuil. à café rase de Maïzena après l'avoir laissée mijoter pendant 2 min environ.

110

RIS DE VEAU AUX CHAMPIGNONS

DIFFICULTÉ : facile
COÛT : cher

PRÉPARATION : 30 minutes
CUISSON : 45 minutes

POUR 4 À 6 PERSONNES

- 500 g de ris de veau
- 6 échalotes
- 1 petite branche de céleri
- 1 blanc de poireau
- 500 g de cèpes
- 1 belle noix + 50 g de beurre
- 15 cl de porto blanc
- 30 cl de bouillon ou de fond de veau déshydraté du commerce
- 35 g de farine
- 25 cl de crème fraîche
- 2 pincées de noix de muscade
- 1 pincée de poivre de Cayenne
- Sel et poivre noir fraîchement moulu

Placez les ris dans une casserole d'eau froide et portez à ébullition. Égouttez-les et refroidissez-les à l'eau courante. Éliminez ensuite les membranes caoutchouteuses avec un petit couteau. Épluchez et hachez les échalotes. Coupez le céleri en petits dés. Hachez finement le poireau et coupez les cèpes en tranches.

Faites fondre la noix de beurre dans une poêle à feu modéré. Ajoutez les ris de veau, salez-les et poivrez-les. Faites-les dorer pendant 7 à 8 min en les retournant de temps en temps. Ajoutez les échalotes, le céleri et le poireau. Couvrez la poêle et laissez suer pendant 2 à 3 min, toujours à feu modéré, en remuant de temps en temps. Ajoutez les cèpes, couvrez à nouveau et faites cuire encore 5 min.

Ajoutez le porto blanc et laissez bouillir un moment, le temps que l'alcool s'évapore. Ajoutez ensuite le bouillon de veau. Portez à ébullition, couvrez la poêle et laissez mijoter 30 min. Mélangez la farine avec 50 g de beurre ramolli.

Sortez les ris de la sauce et gardez-les au chaud. Ajoutez la crème et le mélange farine et beurre dans la sauce en fouettant. Replacez les ris dans la sauce. Ajoutez la noix de muscade et le poivre de Cayenne. Salez, poivrez et laissez mijoter un court moment. Servez bien chaud dans des assiettes creuses, sur un lit d'épinards frais juste blanchis à l'eau salée.

112

CALAMARS MIJOTÉS À LA TOMATE ET AU BASILIC

DIFFICULTÉ : facile
COÛT : un peu cher

PRÉPARATION : 25 minutes
CUISSON : 25 minutes

Rincez les calamars pour éliminer le sable si besoin, puis égouttez-les. Dans une grande poêle, faites chauffer à feu vif 5 cl d'huile d'olive. Salez et poivrez les calamars, et faites-les sauter dans la poêle pendant 5 min environ. Si celle-ci est trop petite, réalisez cette opération en deux temps. Réservez ensuite les calamars dans un saladier.

Coupez les tomates en tranches, hachez 5 gousses d'ail et émincez les oignons. Faites chauffer 5 cl d'huile d'olive à feu vif dans une poêle et ajoutez les oignons. Faites cuire pendant 1 min environ, puis ajoutez les tomates, le concentré de tomate, les 5 gousses d'ail hachées, le fumet et les calamars. Couvrez et laissez mijoter pendant 15 min.

Au terme de la cuisson, placez les calamars dans un plat de service. Versez toute la sauce de la cuisson dans un mixeur. Ajoutez les feuilles de la botte de basilic, la gousse d'ail restante, le safran et le filet d'huile d'olive. Mixez finement. Salez, poivrez et nappez les calamars de sauce. Servez chaud.

POUR 6 PERSONNES

1 kg de calamars frais nettoyés par le poissonnier
10 cl + 1 filet d'huile d'olive
500 g de tomates
6 gousses d'ail
2 oignons blancs
1 cuil. à soupe de concentré de tomate
10 cl de fumet de poisson
1 botte de basilic
1 pointe de safran en poudre
Sel et poivre

114

POULPE AUX POIVRONS ET PESTO

DIFFICULTÉ : difficile
COÛT : un peu cher

PRÉPARATION : 25 minutes
CUISSON : 1 heure

Coupez le poulpe en morceaux ou faites-le faire par votre poissonnier si votre poulpe est frais. Dans une cocotte, faites chauffer à feu vif 4 cuil. à soupe d'huile d'olive. Salez et poivrez les morceaux de poulpe. Faites-les sauter pendant 10 min environ, en deux ou trois temps si votre cocotte est trop petite. Réservez-les dans un saladier.

Hachez les oignons et les gousses d'ail. Coupez les tomates et les poivrons en tranches. Faites chauffer le reste d'huile à feu vif et ajoutez les oignons. Faites cuire pendant 2 min environ, puis ajoutez les tomates et les poivrons. Faites cuire encore 2 min en remuant, puis incorporez le concentré de tomate, l'ail, le vin, le fumet et les morceaux de poulpe. Couvrez et laissez mijoter à feu doux pendant 45 min.

Pendant ce temps, préparez le pesto. Épluchez les gousses d'ail. Dans un mixeur, assemblez les feuilles des bottes de basilic, l'huile, l'ail, les pignons et le parmesan. Réduisez ces ingrédients en une fine purée et placez le pesto dans un bol.

POUR 6 PERSONNES

1,5 kg de poulpe décongelé
8 cuil. à soupe d'huile d'olive + 1 filet
2 oignons blancs
4 gousses d'ail
300 g de tomates
500 g de poivrons (rouges, oranges et jaunes)
1 cuil. à soupe de concentré de tomate
10 cl de vin blanc sec
10 cl de fumet de poisson
Sel et poivre

Pour le pesto
6 gousses d'ail
2 bottes de basilic
8 cl d'huile d'olive
50 g de pignons de pin
50 g de parmesan

Vérifiez la cuisson des poulpes en les goûtant : ils doivent être assez tendres. Si ce n'est pas le cas, prolongez un peu la cuisson.

Au moment de passer à table, salez et poivrez le pesto si nécessaire. Ajoutez-le dans la cocotte contenant les morceaux de poulpe et mélangez. Stoppez le bouillon et servez aussitôt.

+ La congélation attendrit la chair du poulpe. Si vous utilisez du poulpe frais, allongez sensiblement les temps de cuisson.

116

MITONNÉE DE LÉGUMES AU PESTO

DIFFICULTÉ : facile
COÛT : bon marché

PRÉPARATION : 20 minutes
CUISSON : 35 minutes

Épluchez et émincez les oignons. Épépinez et coupez les poivrons en lanières. Coupez l'aubergine et les courgettes en dés. Coupez les tomates en tranches.

Dans une cocotte, faites revenir les oignons et les poivrons pendant 5 min dans un peu d'huile d'olive. Ajoutez ensuite l'aubergine, les courgettes, les tomates et le thym. Salez et poivrez. Couvrez et laissez mijoter pendant 30 min en mélangeant de temps en temps.

Pendant ce temps, faites le pesto. Dans un mixeur, réduisez en fine purée l'ail, le basilic et l'huile d'olive avec le parmesan et les pignons de pin. Réservez le pesto dans un bol.

Lorsque les légumes sont cuits à votre goût (plus ou moins fermes), ôtez la cocotte du feu. Ajoutez le pesto et mélangez bien. Servez aussitôt, sur des pâtes fraîches ou avec du riz nature.

POUR 4 PERSONNES

4 oignons nouveaux
1 poivron jaune
1 poivron vert
1 aubergine
2 courgettes
6 tomates
1 petite branche de thym frais
Huile d'olive
sel et poivre

Pour le pesto
6 gousses d'ail
1 botte de basilic
6 cuil. à soupe d'huile d'olive
30 g de parmesan
30 g de pignons de pin

+ Tout aussi délicieux froid avec des pignons de pin et des copeaux de parmesan en plus !

118

FENOUILS MIJOTÉS AU BEURRE D'HERBES

DIFFICULTÉ : facile
COÛT : bon marché

PRÉPARATION : 30 minutes
CUISSON : 35 minutes

POUR 4 PERSONNES

- 4 oignons nouveaux
- 4 bulbes de fenouil
- 4 tomates
- Huile d'olive
- 10 cl de vin blanc sec
- 1 petit bouquet garni
- 20 cl de fond de veau déshydraté du commerce
- 30 g de parmesan
- Sel et poivre

Pour le beurre d'herbes

- 2 gousses d'ail
- 4 cuil. à soupe d'herbes fraîches (celles de votre choix)
- 80 g de beurre frais

Épluchez et émincez les oignons. Coupez les fenouils en quartiers. Émincez les tomates. Dans une cocotte, faites sauter les oignons dans un peu d'huile d'olive pendant 1 ou 2 min. Ajoutez les fenouils et faites-les dorer légèrement pendant 5 min. Versez le vin blanc, laissez bouillir, puis incorporez les tomates, le bouquet garni et le fond de veau. Couvrez la cocotte et laissez mijoter à feu doux pendant 30 min.

Pendant ce temps, préparez le beurre d'herbes. Retirez le germe des gousses d'ail. Hachez les herbes fraîches. Dans un mixeur, réduisez en fine purée le beurre, l'ail et les herbes.

Quand les fenouils sont cuits à point, sortez-les de la cocotte et gardez-les au chaud entre deux assiettes. Faites réduire de moitié le jus de cuisson à feu vif, puis ôtez-le du feu. Ajoutez le beurre d'herbes en fouettant. Salez et poivrez si nécessaire.

Nappez les fenouils de sauce et parsemez de copeaux de parmesan. Servez bien chaud.

120

GRATIN D'AGNEAU, COURGETTES ET CUMIN

DIFFICULTÉ : difficile
COÛT : raisonnable

PRÉPARATION : 30 minutes
CUISSON : 20 minutes

Faites chauffer une grande casserole d'eau. Lavez les courgettes et ôtez une bande de peau sur deux à l'aide d'un couteau économe. Ôtez les extrémités et coupez-les en gros tronçons. Quand l'eau bout, mettez les courgettes dans la casserole et laissez cuire 8 à 10 min.

Pendant ce temps, épluchez les oignons et coupez-les finement. Dans une sauteuse, faites chauffer l'huile. Ajoutez-y les oignons et faites-les revenir 3 min. Ajoutez l'agneau haché, le cumin et la coriandre finement coupée. Salez et poivrez. Mélangez bien et laissez cuire 15 à 20 min. Remuez de temps en temps.

Quand les courgettes sont cuites, égouttez-les bien dans une passoire fine, écrasez-les à la fourchette pour les réduire en purée puis égouttez à nouveau pour enlever le maximum d'eau (en pressant les courgettes dans le fond de la passoire avec le dos d'une cuillère). Versez la purée de courgettes dans un saladier, ajoutez-y la crème fraîche. Salez et poivrez. Mélangez bien.

Préchauffez le four à 200 °C (th. 6-7). Déposez la viande dans le fond d'un plat à gratin.

POUR 4 PERSONNES

6 courgettes
2 oignons
600 g d'agneau haché
1 cuil. café de cumin en poudre
6 cuil. à soupe de coriandre coupée
10 cl de crème fraîche épaisse
1 poignée de comté râpé
1 filet d'huile d'olive pour la sauteuse
Sel et poivre

Recouvrez-la de purée de courgettes puis parsemez le tout de comté râpé. Faites cuire au four 15 min jusqu'à ce le fromage soit bien fondu. Terminez la cuisson en passant votre gratin 3 min sous le gril. Servez illico presto.

122

GRATIN DE FILET MIGNON AUX PANAIS, POIRES ET CITRON

DIFFICULTÉ : un peu difficile
COÛT : raisonnable

PRÉPARATION : 30 minutes
CUISSON : 45 minutes

POUR 6 PERSONNES

4 panais
2 poires Conférence
800 g de filet mignon de porc
2 cuil. à soupe de miel
1 citron non traité
2 noix de beurre
1 filet d'huile d'olive

Matériel
Cuit vapeur ou marguerite

Préchauffez le four à 180 °C (th. 6). Pelez les panais et coupez-les en quatre dans le sens de la longueur. Faites-les cuire 10 min à la vapeur.

Pelez les poires et coupez-les en quatre dans le sens de la longueur. Coupez le filet mignon en tronçons de 2 cm de large et faites dorer les morceaux 2 min dans une poêle chaude avec 1 noix de beurre.

Dans la même poêle, faites dorer d'abord les panais puis dans un second temps les poires avec 1 noix de beurre et le miel. Coupez le citron en rondelles de ½ cm d'épaisseur avec un petit couteau bien aiguisé.

Dans un plat à gratin, disposez les panais, les poires, les tronçons de filet mignon et les rondelles de citron. Recouvrez d'un filet d'huile d'olive et faites cuire 20 min à 180 °C (th. 6).

124 GRATIN DE POULET, ARTICHAUT ET BASILIC

DIFFICULTÉ : facile
COÛT : raisonnable

PRÉPARATION : 30 minutes
CUISSON : 20 minutes

POUR 4 PERSONNES

- 2 échalotes
- 600 g de blancs de poulet
- 3 pincées de piment d'Espelette en poudre
- 3 cuil. à soupe de basilic coupé
- 12 fonds d'artichaut surgelés
- 10 cl de crème fraîche épaisse
- 80 g de parmesan râpé
- 1 filet d'huile d'olive pour la sauteuse
- Sel et poivre

Épluchez les échalotes et coupez-les finement. Dans une sauteuse, faites chauffer l'huile. Puis ajoutez les échalotes et faites-les revenir 3 min. Ajoutez les blancs de poulet, le piment et le basilic. Salez et poivrez. Mélangez et laissez cuire 15 à 20 min (selon la grosseur des blancs) en mélangeant régulièrement.

Pendant ce temps, faites cuire les fonds d'artichaut surgelés 12 min dans une casserole d'eau bouillante. Quand ils sont cuits, égouttez-les bien puis passez-les au moulin à légumes pour les réduire en purée. Égouttez à nouveau pour enlever le maximum d'eau. Versez la purée dans un saladier, ajoutez-y la crème fraîche. Salez et poivrez. Mélangez bien.

Préchauffez le four à 200 °C (th. 6-7). Passez le poulet cuit au mixeur. Déposez-le ensuite dans le fond d'un plat à gratin. Recouvrez-le de purée d'artichaut puis parsemez le tout de parmesan râpé. Faites cuire au four 15 min jusqu'à ce que ce soit bien gratiné. Terminez la cuisson en passant votre gratin 3 min sous le gril du four. Servez illico presto.

126

GRATIN DE POULET AUX MACARONIS

DIFFICULTÉ : facile
COÛT : raisonnable

PRÉPARATION : 30 minutes
CUISSON : 30 minutes

POUR 6 PERSONNES

500 g de macaronis
2 cuisses de poulet
100 g de gruyère
5 biscottes
1 filet d'huile d'olive
10 g de beurre
Sel, poivre du moulin

Préchauffez le four sur la position gril ou à 250 °C (th. 8-9). Faites cuire les macaronis al dente comme indiqué sur l'emballage. Égouttez-les, rincez-les à l'eau froide pour stopper la cuisson et salez.

Dans une cocotte faites griller les cuisses de poulet côté peau avec 1 filet d'huile d'olive. Puis laissez cuire à feu moyen à couvert pendant 20 min.

Une fois le poulet cuit, effilochez la chair en petits bouts.

Râpez le gruyère. Écrasez les biscottes afin d'obtenir une chapelure fine, mélangez-la au gruyère et poivrez. Dans un plat à gratin, mélangez les macaronis et le poulet. Saupoudrez de chapelure et parsemez de quelques noisettes de beurre.

Faites dorer le gratin 10 min sur la position gril du four ou à défaut à 250 °C (th. 8-9).

128 HACHIS PARMENTIER

DIFFICULTÉ : facile
COÛT : un peu cher

PRÉPARATION : 15 minutes
CUISSON : 1 heure

POUR 4 PERSONNES

Environ 800 g de viande de pot-au-feu
1,2 kg de pommes de terre
2 oignons
2 gousses d'ail
1 botte de persil
1 botte de ciboulette
15 cl de vin rouge
15 cl de crème fraîche épaisse
1 noisette de beurre
1 tablette de bouillon de bœuf
2 cuil. à soupe d'huile d'olive
Noix muscade fraîchement râpée
Sel, poivre

Matériel
Moulin à légumes

Épluchez les pommes de terre, puis mettez-les dans une casserole remplie d'eau froide salée. Portez à ébullition et comptez environ 15 min de cuisson. Vérifiez la cuisson en y plantant la pointe d'un couteau, qui ne doit rencontrer aucune résistance.

Égouttez les pommes de terre et passez-les au moulin à légumes muni d'une grille fine. Ajoutez la crème fraîche, de la noix muscade et vérifiez l'assaisonnement.

Préchauffez le four à 190 °C (th. 6). Épluchez et hachez l'oignon et l'ail. Effeuillez et hachez les herbes. Dans une casserole, faites fondre le beurre avec l'huile. Faites-y ensuite revenir l'oignon et l'ail. Au bout de 2 à 3 min de cuisson, ajoutez la viande, le persil, la ciboulette, le vin rouge, la tablette de bouillon et couvrez d'eau. Portez à ébullition et laissez cuire jusqu'à ce qu'il ne reste presque plus de liquide au fond de la casserole.

Écrasez alors la viande à la fourchette et répartissez-la dans le plat à gratin. Couvrez de purée et faites cuire au four pendant 20 min. Servez aussitôt.

130 MINIPARMENTIERS DE CANARD

DIFFICULTÉ : facile
COÛT : un peu cher

PRÉPARATION : 25 minutes
CUISSON : 45 minutes

POUR 2 PERSONNES

1 magret de canard
1 cuisse de confit de canard
4 pommes de terre
1 navet
1 échalote
1 botte de cerfeuil
1 cuil. à soupe de cognac
1 cuil. à soupe de porto
5 cl de crème fraîche
1 tablette de bouillon de volaille
Sel, poivre

Matériel
Mixeur
Moulin à légumes
2 miniplats à gratin

Épluchez les pommes de terre et le navet. Mettez-les dans une casserole et couvrez-les d'eau froide salée dans laquelle vous diluerez la tablette de bouillon. Portez à ébullition et laissez cuire 20 min. Égouttez et passez le tout au moulin à légumes muni d'une grille fine. Ajoutez la crème fraîche, puis vérifiez l'assaisonnement.

À l'aide d'un couteau, retirez la peau du confit de canard et désossez-le avant de l'écraser à la fourchette. Retirez la peau du magret et mettez la chair dans un mixeur. Actionnez le robot.

Préchauffez le four à 190 °C (th. 6). Dans une poêle, faites revenir, avec un peu de matière grasse du confit, l'échalote hachée et la chair du magret. Lorsque la viande est cuite, versez le cognac et le porto, puis laissez cuire 3 à 5 min (il faut qu'il reste un peu de jus). Ajoutez alors le cerfeuil ciselé et la chair du confit.

Disposez une couche de viande dans le fond des miniplats à gratin. Couvrez de la purée de pommes de terre et enfournez pour 15 min. Servez aussitôt.

132

PARMENTIER DE SAUCISSE ÉPICÉE À LA PATATE DOUCE

DIFFICULTÉ : facile

COÛT : raisonnable

PRÉPARATION : 20 minutes

CUISSON : 45 minutes

POUR 2 PERSONNES

250 g de chair à saucisse dite « fine »
1 grosse patate douce
1 botte de coriandre
1 échalote
15 cl de lait entier
1 cuil. à café de « hot curry »
1 pincée de noix muscade
Sel, poivre

Matériel

Moulin à légumes

Épluchez la patate douce. Coupez-la en gros morceaux. Mettez-la dans une grande casserole remplie d'eau froide salée et portez à ébullition. Comptez alors 15 min de cuisson. Vérifiez la cuisson en y plantant la pointe d'un couteau, qui ne doit rencontrer aucune résistance.

Passez la patate douce au moulin à légumes muni d'une grille fine, puis ajoutez le lait et la noix muscade. Vérifiez l'assaisonnement.

Préchauffez le four à 190 °C (th. 6). Épluchez et hachez l'échalote. Effeuillez et hachez la coriandre. Dans un saladier, mélangez la chair à saucisse, l'échalote, le curry et la coriandre.

Disposez d'abord une couche de chair à saucisse dans le plat à gratin, puis recouvrez de la purée. Enfournez pendant 20 min. Laissez reposer 5 min dans le four éteint avant de servir.

+ Vous pouvez, bien sûr, réaliser cette recette avec des pommes de terre ou un mélange de pommes de terre et de navets. Si vous en avez la possibilité, demandez au boucher de préparer une chair à saucisse pas trop grasse.

134

GRATIN D'AUBERGINES À LA VIANDE ET PARMESAN

DIFFICULTÉ : facile
COÛT : raisonnable

PRÉPARATION : 30 minutes
CUISSON : 1 heure

POUR 6 PERSONNES

2 aubergines
2 oignons
2 gousses d'ail
500 g d'agneau et de bœuf haché
200 g de tomates pelées en boîte
1 branche de thym
1 cuil. à soupe de persil ciselé
100 g de parmesan râpé
4 cuil. à soupe d'huile d'olive
Sel, poivre du moulin

Préchauffez le four à 180 °C (th. 6). Épluchez, lavez et coupez les aubergines en rondelles de ½ cm. Salez les aubergines pour les faire dégorger, laissez-les reposer 10 min. Rincez et séchez les aubergines avec du papier absorbant. Faites-les revenir dans 3 cuil. à soupe d'huile d'olive dans une poêle à feu vif.

Épluchez et ciselez finement les oignons et les gousses d'ail. Faites-les revenir dans une poêle avec 1 cuil. à soupe d'huile d'olive. Ajoutez la viande hachée et laissez cuire 10 min.

Ajoutez les tomates, le thym et le persil ciselé 2 min avant la fin de la cuisson de la viande. Salez, poivrez.

Dans un plat à gratin, disposez une couche d'aubergines, recouvrez de parmesan puis du mélange de viandes. Renouvelez l'opération et terminez en saupoudrant généreusement le gratin de parmesan.

Faites cuire 30 min à 180 °C (th. 6), le gratin doit être bien doré.

136 GRATIN À L'ORIENTALE

DIFFICULTÉ : un peu difficile
COÛT : raisonnable

PRÉPARATION : 40 minutes
TREMPAGE : 30 minutes
CUISSON : 1 heure 20

POUR 6 PERSONNES

- 500 g de viande hachée (mélange d'agneau et de bœuf)
- 2 cuil. à soupe de raisins secs
- 3 poivrons jaunes
- 2 courgettes
- 1 cuil. à café de cumin en poudre
- 3 oignons rouges
- 2 gousses d'ail
- 3 branches de menthe
- 1 poignée de pignons de pin
- 100 g de feta
- 2 filets d'huile d'olive
- Sel, poivre du moulin

Préchauffez le four à 180 °C (th. 6). Faites tremper les raisins secs dans un bol d'eau pendant 30 min. Pelez et épépinez les poivrons. Coupez-les en petits dés. Lavez et coupez les courgettes en petits dés. Faites-les revenir avec 1 filet d'huile d'olive dans une poêle avec 1 cuil. à café de cumin en poudre. Épluchez et hachez les oignons et ajoutez-les aux légumes. Laissez cuire 10 min et mettez de côté.

Dans la même poêle, faites revenir la viande hachée avec 1 gousse d'ail écrasée et 1 filet d'huile d'olive. Faites cuire 10 min à feu moyen. Salez, poivrez.

Ciselez la menthe et ajoutez-la aux légumes avec les raisins secs égouttés.

Dans une poêle, sans matière grasse, faites dorer les pignons de pin puis mettez-les de côté.

Dans un plat à gratin, disposez les légumes, recouvrez de viande et émiettez la feta sur le dessus. Faites cuire 40 min à 180 °C (th. 6). Avant de servir, parsemez le gratin de pignons de pin grillés.

138

GRATIN DE POIREAUX AU BACON

DIFFICULTÉ : facile
COÛT : bon marché

PRÉPARATION : 25 minutes
CUISSON : 10 minutes

POUR 4 À 6 PERSONNES

8 blancs de poireaux
16 tranches de bacon
40 g de beurre
40 g de farine
40 cl de lait
1 belle pincée de noix de muscade
75 g de gruyère râpé
50 g de parmesan râpé
Sel et poivre

Lavez les blancs de poireaux. Dans une grande casserole d'eau bouillante salée, faites-les cuire 10 min environ. Pendant ce temps, dans une poêle antiadhésive, faites revenir les tranches de bacon 3 à 4 min environ en les retournant à mi-cuisson.

Préparez la béchamel. Faites fondre le beurre à feu doux dans une casserole à fond épais. Hors du feu, ajoutez la farine en pluie et mélangez à l'aide d'un fouet. Remettez la casserole sur le feu et faites cuire le mélange à feu moyen 2 à 3 min environ sans cesser de mélanger et sans laisser roussir la farine. Versez le lait froid d'un seul coup en mélangeant sans cesse à l'aide d'un fouet jusqu'à ce que la préparation soit lisse et homogène. Portez à ébullition en remuant constamment.

Quand le mélange bout, laissez cuire la béchamel 3 min environ. Salez et poivrez. Ajoutez la noix de muscade et le gruyère râpé. Mélangez bien.

Préchauffez le four à 210 °C (th. 7). Quand les poireaux sont cuits, égouttez-les bien, enroulez chaque blanc de poireau dans deux

tranches de bacon et répartissez les rouleaux dans le fond d'un plat à gratin. Nappez le tout de sauce béchamel. Parsemez de parmesan râpé. Faites cuire au four 10 min environ. Servez illico presto.

140 PURÉE VERTE AU COLIN

DIFFICULTÉ : très facile
COÛT : raisonnable

PRÉPARATION : 15 minutes
CUISSON : 40 minutes

POUR 4 PERSONNES

- 4 filets de colin
- 750 g de petits pois frais
- 300 g de haricots verts
- 2 pommes de terre
- 15 cl de crème fraîche épaisse
- 2 cuil. à soupe de parmesan
- 2 tablettes de bouillon de volaille
- Sel, poivre

Préparez les légumes. Diluez la tablette de bouillon dans une grande casserole remplie d'eau bouillante salée. Faites-y cuire les petits pois et les haricots pendant 8 à 10 min. Mettez les pommes de terre dans de l'eau froide salée, portez à ébullition et comptez 15 min de cuisson.

Égouttez les légumes. Passez-les au moulin à légumes, ajoutez la crème et vérifiez l'assaisonnement. Répartissez la purée obtenue dans un plat à gratin et posez par-dessus les filets de colin après les avoir épongés. Salez, poivrez et parsemez de parmesan. Enfournez à 190 °C (th. 6) pendant 10 à 12 min.

142

GRATIN D'ENDIVES AUX POMMES, AUX NOIX ET AUX LARDONS

DIFFICULTÉ : facile
COÛT : bon marché

PRÉPARATION : 15 minutes
CUISSON : 40 minutes

POUR 4 PERSONNES

2 tranches de lard fumé
4 endives
2 pommes granny-smith
2 échalotes
2 cuil. à soupe de noix concassées
1 noisette de beurre
2 cuil. à soupe d'huile d'olive
Sel, poivre

Pour la béchamel
50 g de farine
50 g de beurre
50 cl de lait frais
75 g de comté râpé
Noix muscade fraîchement râpée

Épluchez les échalotes. Coupez-les en rondelles de 1 à 2 mm d'épaisseur. Retirez le trognon des endives et coupez-les en deux dans la longueur. Taillez le lard en petits lardons. Épluchez les pommes et coupez-les en petits dés.

Faites chauffer l'huile et le beurre dans une poêle et faites-y revenir les lardons, les échalotes et les endives. Comptez environ 15 min de cuisson à feu moyen. Ajoutez les dés de pommes et faites cuire 5 min de plus.

Préchauffez le four à 190 °C (th. 6). Dans une casserole, faites fondre le beurre et la farine et laissez cuire, en remuant sans arrêt, jusqu'à ce que le mélange prenne une belle couleur blonde. Versez alors le lait, du sel, du poivre et de la muscade. Portez à ébullition en remuant jusqu'à ce que la béchamel épaississe. Ajoutez alors le comté. Répartissez les endives aux pommes puis les noix dans le plat à gratin. Nappez de sauce. Faites cuire au four pendant 20 min. Servez chaud.

144 MINIGRATINS D'ÉPINARDS AUX LARDONS DE JAMBON ITALIEN

DIFFICULTÉ : facile
COÛT : bon marché

PRÉPARATION : 20 minutes
CUISSON : 45 minutes

Équeutez et retirez la grosse nervure des épinards. Nettoyez-les et essorez-les. Épluchez et hachez les gousses d'ail.

Dans une poêle sans matière grasse, faites revenir les pignons de pin. Dès qu'ils commencent à colorer, retirez-les immédiatement de la poêle. Taillez le jambon en petits lardons.

Dans une cocotte, faites dorer l'ail haché dans l'huile d'olive. Ajoutez alors les épinards, petit à petit, et faites-les fondre en remuant sans arrêt. Assaisonnez de sel, de poivre et de noix muscade. Laissez cuire 5 à 8 min. Il faut que toute l'eau de végétation ait disparu. Terminez en mélangeant les épinards avec la crème fraîche, les pignons de pin et les lardons de jambon.

Préchauffez le four à 190 °C (th. 6). Répartissez les épinards dans les miniplats à gratin. Parsemez de parmesan et faites cuire au four pendant 15 min. Servez aussitôt et dégustez.

POUR 2 PERSONNES

4 tranches de jambon italien cru
600 g d'épinards frais
2 gousses d'ail
2 cuil. à café de pignons de pin
10 cl de crème liquide
2 cuil. à café de parmesan
4 cuil. à soupe d'huile d'olive
1 pincée de noix muscade fraîchement râpée
Sel, poivre

Matériel

2 miniplats à gratin

+ Les épinards sont un peu longs à préparer mais le goût de ces légumes frais n'a rien à voir avec celui des légumes surgelés.

146

MACARONIS GRATINÉS AU JAMBON DE PARME

DIFFICULTÉ : facile
COÛT : bon marché

PRÉPARATION : 15 minutes
CUISSON : 25 minutes

POUR 6 PERSONNES

600 g de macaronis
4 tranches de jambon de Parme
100 g de tomme de brebis
100 g de gorgonzola
20 cl de crème liquide
100 g de parmesan
1 noisette de beurre
pour le plat à gratin
Sel et poivre

Dans une grande casserole d'eau bouillante salée, faites cuire les macaronis comme indiqué sur le paquet (8 min environ).

Pendant ce temps, dégraissez le jambon et coupez-le en lamelles. Ôtez la croûte de la tomme de brebis et du gorgonzola puis coupez le gorgonzola en morceaux et râpez la tomme.

Préchauffez le four à 200 °C (th. 6-7). Beurrez un plat à gratin. Dans une casserole à feu doux, faites chauffer la crème liquide. Ajoutez la tomme et le gorgonzola. Poivrez et mélangez jusqu'à ce que les fromages soient bien fondus.

Quand les pâtes sont cuites, égouttez-les et déposez-les dans le fond du plat. Ajoutez les fromages fondus et le jambon. Mélangez bien. Puis saupoudrez le tout de parmesan râpé. Faites cuire au four pendant 15 à 20 min. Passez ensuite le gratin sous le gril 5 min environ. Servez illico presto.

+ Pensez à parsemer votre gratin de persil. Aussi beau que bon !
Pour varier : à vous de réaliser cette recette en fonction de vos envies : vous pouvez troquer le jambon de Parme contre des petits lardons poêlés ou tout simplement des lamelles de jambon blanc, et le gorgonzola par de la fourme d'Ambert ou encore du chèvre frais pour une note plus douce.

148

GRATIN DE RAVIOLES ET COURGETTES

DIFFICULTÉ : très facile
COÛT : bon marché

PRÉPARATION : 15 minutes
CUISSON : 30 minutes

POUR 2 PERSONNES

3 courgettes
2 plaques de ravioles de Royans
2 brins de menthe hachés
15 cl de crème liquide
25 g de comté fraîchement râpé
Noix muscade râpée
2 cuil. à soupe d'huile d'olive
Sel, poivre

Coupez les courgettes en deux et débitez-les en tranches de 3 à 4 mm d'épaisseur. Faites-les revenir dans une poêle, à feu moyen, pendant 15 min, avec l'huile, un peu de sel et de poivre. Égouttez-les, puis mélangez-les avec la menthe.

Faites cuire les plaques de ravioles 2 min à l'eau bouillante salée. Égouttez.

Répartissez les courgettes, puis les ravioles dans un plat à gratin, nappez-les de crème et parsemez-les d'un peu de muscade et de comté. Enfournez 15 min à 200 °C (th. 6-7) afin de bien faire dorer le fromage. Servez chaud.

150 LASAGNE AL FORNO

DIFFICULTÉ : facile
COÛT : raisonnable

PRÉPARATION : 15 minutes
CUISSON : 2 heures

Épluchez et coupez les légumes en petits dés. Ébouillantez les tomates, pelez-les et hachez-les. Dans une grande cocotte, faites dorer la viande dans l'huile chaude. Retirez-la et mettez les légumes à la place. Quand l'oignon devient translucide, versez le vin, 25 cl d'eau, la tablette de bouillon, le persil et le bouquet garni. Salez, poivrez, portez à ébullition, puis ajoutez la viande et la tomate. Faites cuire 1 h à feu moyen, jusqu'à l'obtention d'une sauce épaisse.

Faites cuire les lasagnes à l'eau bouillante salée. Égouttez-les bien à plat sur un torchon.

Préparez la béchamel : faites fondre le beurre avec la farine. Quand le mélange commence à dorer, versez petit à petit le lait tout en fouettant pour éviter les grumeaux. Salez, poivrez et ajoutez la muscade.

Préchauffez le four à 190 °C (th. 6). Huilez un plat à gratin. Garnissez-le, en couches alternées, de lasagnes, de béchamel, de viande, de parmesan, de lasagnes… Terminez par un nappage de béchamel. Parsemez de parmesan. Enfournez 30 min.

POUR 4 PERSONNES

600 g de bœuf (basse-côte, joue…) haché
12 feuilles à lasagnes
2 carottes
1 oignon
¼ de bulbe de fenouil
1 branche de céleri
800 g de tomates allongées
1 botte de persil hachée
1 bouquet garni ficelé (thym, romarin, laurier)
100 g de parmesan frais
20 cl de vin rouge
1 tablette de bouillon de légumes
4 cuil. à soupe d'huile d'olive
Sel, poivre

Pour la béchamel

50 g de farine
50 g de beurre
1 litre de lait frais entier
2 pincées de noix muscade
Sel, poivre

152

GRATIN D'ORRECHIETTES AU CITRON, FETA ET ROMARIN

DIFFICULTÉ : facile
COÛT : bon marché

PRÉPARATION : 20 minutes
CUISSON : 30 minutes

POUR 6 PERSONNES

- 500 g d'orrechiettes
- 1 citron non traité
- 200 g de feta
- 1 brin de romarin frais
- 1 filet d'huile d'olive
- Sel, poivre du moulin

Préchauffez le four à 180 °C (th. 6). Faites cuire les orrechiettes dans un grand volume d'eau salée comme indiqué sur l'emballage. Égouttez-les, rincez-les à l'eau froide et mettez-les de côté.

Lavez et coupez le citron en lamelles de ½ cm d'épaisseur. Huilez un plat à gratin. Disposez les pâtes et les rondelles de citron.

Émiettez la feta sur les pâtes au citron. Ciselez le romarin. Poivrez. Faites cuire le gratin 30 min à 180 °C (th. 6).

154

GRATIN DE PÂTES AUX COQUILLAGES

DIFFICULTÉ : facile
COÛT : bon marché

PRÉPARATION : 15 minutes
CUISSON : 30 minutes

Épluchez et hachez la gousse d'ail. Effeuillez et découpez grossièrement le basilic. Nettoyez et équeutez les pousses d'épinards.

Faites cuire les pâtes al dente dans une grande casserole remplie d'eau bouillante salée. Égouttez.

Dans une cocotte, portez à ébullition le vin blanc additionné de 5 cl d'eau. Jetez-y les coquillages et laissez cuire, à couvert, pendant 10 min. Ils doivent être tous ouverts. Retirez la chair des coquilles. Gardez l'eau de cuisson.

Préchauffez le four à 190 °C (th. 6). Mélangez les coquillages avec l'ail, les pousses d'épinards, les pâtes, le basilic et répartissez le tout dans un plat à gratin.

Dans un bol, mélangez la crème liquide avec une louche d'eau de cuisson des coquillages et versez sur les pâtes. Parsemez de parmesan et enfournez pendant 15 min afin de bien faire dorer le fromage. Servez chaud.

POUR 4 PERSONNES

1 kg de coquillages variés (moules, praires, palourdes…)
200 g de pâtes (penne)
50 g de pousses d'épinards
1 botte de basilic
1 gousse d'ail
10 cl de crème liquide
50 g de parmesan fraîchement râpé
5 cl de vin blanc sec
Sel, poivre

+ Vous pouvez faire la même recette en remplaçant les coquillages par des crustacés du type crevettes ou langoustines, mais également par des noix de saint-jacques ou des pétoncles.

156

CANNELLONIS PERSIL, MENTHE, BASILIC ET RICOTTA

DIFFICULTÉ : facile
COÛT : bon marché

PRÉPARATION : 15 minutes
CUISSON : 30 minutes

Faites cuire les pâtes *al dente* dans un grand volume d'eau bouillante salée. Égouttez-les.

Dans une poêle sans matière grasse, faites dorer les pignons de pin. Dès qu'ils commencent à colorer, retirez-les de la poêle et mettez-les dans un bol.

Effeuillez et hachez le persil, la menthe et le basilic. Mettez ces herbes dans le bol avec les pignons de pin, l'ail épluché et haché et la ricotta. Assaisonnez avec du sel, du poivre, l'huile d'olive et de la noix muscade. Garnissez les cannellonis de cette préparation et rangez-les dans un plat à gratin.

Préchauffez le four à 200 °C (th. 6-7). Dans une casserole, faites fondre le beurre et la farine et laissez cuire, en remuant sans arrêt, jusqu'à ce que le mélange prenne une belle couleur blonde. Versez alors le lait, la crème, du sel, du poivre et de la noix muscade. Portez à ébullition en remuant jusqu'à ce que la sauce épaississe. Ajoutez alors le parmesan et versez la béchamel sur les pâtes. Enfournez 15 min afin de bien faire dorer le parmesan. Servez chaud.

POUR 4 PERSONNES

1 paquet de cannellonis
250 g de ricotta
½ botte de persil
½ botte de menthe
½ botte de basilic
1 gousse d'ail
2 cuil. à soupe de pignons de pin
Noix muscade fraîchement râpée
4 cuil. à soupe d'huile d'olive
Sel, poivre

Pour la béchamel
25 g de farine
25 g de beurre
25 cl de lait frais
5 cl de crème liquide
50 g de parmesan

158

GRATIN DE COURGETTES AU PARMESAN

DIFFICULTÉ : facile
COÛT : bon marché

PRÉPARATION : 20 minutes
CUISSON : 20 minutes

Préchauffez le four à 220 °C (th. 7-8). Lavez les courgettes, ôtez leurs extrémités et coupez-les en fines rondelles. Coupez la gousse d'ail en deux et frottez-en l'intérieur d'un plat à gratin. Puis beurrez-le. Répartissez les courgettes dans le plat en rangées serrées. Faites cuire au four pendant 5 min.

Pendant ce temps, dans un petit saladier, mélangez à l'aide d'un fouet les œufs entiers avec la crème fraîche, le parmesan râpé, la noix de muscade et le colombo. Salez et poivrez. Mélangez à nouveau.

Ressortez le plat du four et versez la préparation aux œufs sur les courgettes. Faites cuire au four 20 min environ. Servez illico presto.

POUR 4 PERSONNES

8 petites courgettes
4 œufs
4 cuil. à soupe de crème fraîche
4 cuil. à soupe de parmesan râpé
3 pincées de noix de muscade
2 pincées de colombo en poudre
1 noisette de beurre
pour le plat à gratin
1 gousse d'ail pour le plat à gratin
Sel et poivre

+ Vous pouvez remplacer le colombo par du curry en poudre ou des fines herbes finement coupées (ciboulette et basilic).
On cuisine aussi ce gratin en remplaçant la crème fraîche par 200 g de brousse et le colombo par de la menthe finement coupée. Un régal !
Pour être sûr de la qualité de votre parmesan, achetez-le en morceaux et râpez-le vous-même.
Pour changer, plutôt que de couper les courgettes en rondelles, râpez-les... un vrai régal !

160 GRATIN DE CHOU-FLEUR AU COMTÉ

DIFFICULTÉ : facile
COÛT : bon marché

PRÉPARATION : 20 minutes
CUISSON : 20 minutes

POUR 4 À 6 PERSONNES

1 chou-fleur
50 g de beurre
50 g de farine
50 cl de lait
1 belle pincée de noix de muscade
150 g de comté râpé
Sel et poivre

Enlevez les feuilles vertes du chou-fleur, séparez les bouquets puis rincez-les. Dans une grande casserole d'eau bouillante salée, faites cuire le chou-fleur 12 à 15 min environ.

Pendant ce temps, préparez la béchamel. Faites fondre le beurre à feu doux dans une casserole à fond épais. Ajoutez la farine en pluie et mélangez à l'aide d'un fouet. Faites cuire le mélange à feu moyen 2 à 3 min environ sans cesser de mélanger et sans laisser roussir la farine. Versez le lait froid d'un seul coup en mélangeant sans cesse à l'aide d'un fouet jusqu'à ce que la préparation soit lisse et homogène. Portez à ébullition en remuant constamment. Quand le mélange bout, laissez cuire la béchamel 3 à 4 min environ. Salez et poivrez. Ajoutez la noix de muscade et la moitié du comté râpé (75 g). Mélangez bien.

Préchauffez le four à 210 °C (th. 7). Quand le chou-fleur est cuit, égouttez-le et répartissez-le dans le fond d'un plat à gratin. Nappez le tout de sauce béchamel avant d'ajouter le reste de comté (75 g). Faites cuire au four 20 min environ jusqu'à ce que le fromage soit fondu.

162

ENDIVES GRATINÉES AU MUNSTER ET AUX NOISETTES

DIFFICULTÉ : facile
COÛT : bon marché

PRÉPARATION : 30 minutes
CUISSON : 20 minutes

POUR 4 PERSONNES

8 endives
1 noix de beurre
3 cuil. à soupe de jus de citron
1 munster
10 cl de crème liquide
1 cuil. à soupe de crème fraîche
1 poignée de noisettes
Poivre

Enlevez les premières feuilles abîmées des endives. Lavez-les puis coupez le trognon. Dans une grande casserole, faites chauffer le beurre. Ajoutez les endives, le jus de citron, 25 cl d'eau. Poivrez, couvrez et laissez cuire 25 min environ à feu doux. Mélangez de temps en temps.

Pendant ce temps, ôtez la croûte du munster et coupez-le en petits morceaux. Dans une casserole à feu doux, faites chauffer la crème liquide. Ajoutez le fromage et mélangez bien jusqu'à ce qu'il fonde. Poivrez et ajoutez la crème fraîche. Mélangez à nouveau.

Préchauffez le four à 200 °C (th. 6-7). Dans un mortier, concassez grossièrement les noisettes. Quand les endives sont cuites, égouttez-les bien et disposez-les dans un plat à gratin, versez le fromage fondu et parsemez le tout de noisettes. Faites cuire au four 15 min environ. Terminez la cuisson en passant votre gratin 5 min sous le gril.

164

GRATIN SIMPLISSIME POTIRON ET CHÈVRE

DIFFICULTÉ : facile

COÛT : bon marché

PRÉPARATION : 30 minutes

CUISSON : 20 minutes

POUR 4 À 6 PERSONNES

- 1 kg de potiron
- 30 g de beurre
- 1 filet d'huile d'olive
- 2 œufs
- 20 cl de crème fraîche
- 4 pincées de piment d'Espelette en poudre
- 1 bûche de chèvre
- 80 g de comté râpé
- 1 gousse d'ail pour le plat à gratin
- 1 noisette de beurre pour le plat à gratin
- Sel et poivre

Épluchez le potiron à l'aide d'un bon couteau, retirez les graines et coupez-le en carrés. Dans une casserole, faites chauffer le beurre. Ajoutez le potiron et le filet d'huile d'olive. Faites-le cuire à feu doux 20 min environ en mélangeant régulièrement. À mi-cuisson, rajoutez ½ verre d'eau pour éviter que cela n'accroche.

Pendant ce temps, épluchez la gousse d'ail, coupez-la en deux et frottez-en l'intérieur d'un plat à gratin. Puis beurrez le plat. Dans un saladier, battez les œufs en omelette puis ajoutez la crème fraîche et le piment. Salez et poivrez. Mélangez bien. Coupez la bûche de chèvre en rondelles en laissant la croûte.

Préchauffez le four à 210 °C (th. 7). Quand le potiron est cuit, passez-le au moulin à légumes pour le réduire en purée. Versez la purée dans la préparation aux œufs. Mélangez bien puis ajoutez le comté râpé.

Répartissez le tout dans le plat à gratin. Disposez sur le dessus les rondelles de chèvre. Faites cuire au four 15 min environ puis terminez la cuisson par 5 min sous le gril du four.

166

GRATIN DE CAROTTES ET DE FENOUIL AU CHÈVRE FRAIS

DIFFICULTÉ : facile
COÛT : bon marché

PRÉPARATION : 15 minutes
CUISSON : 40 minutes

POUR 4 PERSONNES

1 kg de carottes
4 bulbes de fenouil
50 cl de crème fraîche
3 œufs
1 fromage de chèvre frais type Petit Billy
6 cuil. à soupe d'huile d'olive
1 pincée d'anis vert en poudre
1 pincée de noix muscade
Sel, poivre

Épluchez les carottes. Coupez-les ensuite en rondelles de 2 à 3 mm d'épaisseur. Retirez le trognon des fenouils ainsi que la première côte. Coupez-les le plus finement possible.

Dans 2 casseroles séparées, faites chauffer l'huile d'olive, puis faites cuire, séparément et à couvert, les carottes et le fenouil avec un peu de sel et de poivre. Comptez 10 à 15 min de cuisson. Les légumes doivent être fondants. Si ce n'est pas le cas, n'hésitez pas à prolonger la cuisson. Égouttez toujours séparément les légumes.

Préchauffez le four à 190 °C (th. 6). Dans un petit saladier, mettez le fromage de chèvre avec l'anis, la noix muscade, du sel et du poivre. Ajoutez les œufs, la crème et fouettez afin d'obtenir un mélange homogène.

Dans le plat à gratin, disposez d'abord le fenouil, couvrez ensuite des carottes et terminez par un nappage de crème. Faites cuire au four pendant 25 min. Le gratin doit figer et dorer sur le dessus. Servez aussitôt.

+ Remplacez le plat à gratin par un fond de pâte et faites-en une délicieuse tarte.

168

MINIGRATINS DE COURGETTES À LA MOZZARELLA

DIFFICULTÉ : facile
COÛT : bon marché

PRÉPARATION : 25 minutes
CUISSON : 35 minutes
REPOS : 30 minutes

POUR 2 PERSONNES

4 courgettes
1 brin de basilic
1 brin de sauge
1 boule de mozzarella di buffala
25 cl de crème liquide
1 œuf + 1 jaune
Noix muscade fraîchement râpée
3 cuil. à soupe d'huile d'olive
Sel, poivre

Matériel
2 miniplats à gratin

Coupez la mozzarella en fines tranches et laissez-la s'égoutter dans un tamis le temps de préparer la recette.

Éboutez les courgettes à l'aide d'un couteau. Nettoyez-les et coupez-les en rondelles de 3 à 4 mm d'épaisseur.

Dans une poêle, faites chauffer l'huile d'olive, versez-y les courgettes et faites-les revenir pendant 10 à 15 min. Elles doivent rester croquantes. Mettez-les dans une passoire et laissez-les s'égoutter pendant au minimum 30 min.

Préchauffez le four à 190 °C (th. 6). Effeuillez et coupez en tout petits bâtonnets la sauge et le basilic. Dans un bol, battez en omelette l'œuf et le jaune, ajoutez la crème, le basilic, la sauge, du sel, du poivre et de la noix muscade. Mélangez bien.

Dans les petits plats à gratin, disposez les rondelles de courgettes en rosace. Nappez-les de crème et mettez au centre les tranches de mozzarella. Faites cuire au four pendant 20 min. Servez aussitôt.

170

GRATIN JURASSIEN AU MONT D'OR

DIFFICULTÉ : facile
COÛT : bon marché

PRÉPARATION : 25 minutes
CUISSON : 25 minutes

Préchauffez le four sur la position gril ou à 250 °C (th. 8-9). Épluchez et lavez les pommes de terre. Coupez-les en gros morceaux et faites-les cuire 15 min à la vapeur.

Frottez un plat à gratin avec la gousse d'ail coupée en deux. Disposez les morceaux de pommes de terre dans le plat, répartissez les tranches de jambon séché. Recouvrez de cuillères de Mont d'Or et poivrez.

Faites dorer le gratin sous le gril du four ou à défaut à 250 °C (th. 8-9) pendant 10 min.

POUR 6 PERSONNES

1 kg de pommes de terre à chair ferme
1 gousse d'ail
4 tranches de jambon séché du Jura
1 Mont d'Or
Poivre du moulin

Matériel
Cuit vapeur ou marguerite

172 TARTIFLETTE FONDANTE

DIFFICULTÉ : facile
COÛT : bon marché

PRÉPARATION : 30 minutes
CUISSON : 20 minutes

POUR 4 À 6 PERSONNES

1 kg de pommes de terre
4 oignons
250 g de lardons allumettes fumés
1 reblochon de Savoie
15 cl de crème fraîche
1 gousse d'ail pour le plat à gratin
1 noisette de beurre
pour le plat à gratin
Sel et poivre

Lavez les pommes de terre puis déposez-les dans une casserole d'eau froide salée. Portez à ébullition et laissez cuire 15 à 20 min environ (selon leur grosseur).

Pendant ce temps, épluchez les oignons et coupez-les finement. Dans une poêle antiadhésive, faites-les revenir avec les lardons sans matière grasse 8 min environ. Poivrez généreusement.

Quand les pommes de terre sont cuites, égouttez-les bien. Épluchez-les et coupez-les en rondelles. Épluchez la gousse d'ail, coupez-la en deux et frottez-en l'intérieur d'un plat à gratin. Puis beurrez-le. Ôtez la croûte du reblochon puis coupez-le en lamelles.

Préchauffez le four à 210 °C (th. 7). Répartissez en couches successives la moitié des pommes de terre, la moitié du reblochon, le mélange oignons-lardons, l'autre moitié de pommes de terre. Nappez le tout de crème fraîche, salez légèrement et poivrez. Terminez la tartiflette par l'autre moitié de reblochon. Faites cuire au four 20 min environ jusqu'à ce que le fromage soit bien fondu. Servez illico presto.

174 GRATIN DE POMMES DE TERRE AU BLEU

DIFFICULTÉ : facile
COÛT : bon marché

PRÉPARATION : 25 minutes
CUISSON : 20 minutes

POUR 4 À 6 PERSONNES

1 kg de pommes de terre
200 g de bleu d'Auvergne
10 cl de crème liquide
10 cl de crème fraîche
1 poignée de cerneaux de noix
1 poignée de gruyère râpé
1 noisette de beurre
pour le plat à gratin
Sel et poivre

Lavez les pommes de terre puis déposez-les dans une casserole d'eau froide salée. Portez à ébullition et laissez cuire 15 à 20 min environ (selon leur grosseur).

Pendant ce temps, ôtez la croûte du bleu d'Auvergne et coupez-le en petits morceaux. Dans une petite casserole, faites chauffer à feu doux la crème liquide. Ajoutez le fromage et laissez-le fondre en remuant sans cesse. Poivrez généreusement, ajoutez la crème fraîche. Mélangez à nouveau et réservez hors du feu.

Quand les pommes de terre sont cuites, égouttez-les bien. Épluchez-les et coupez-les en rondelles. Beurrez un plat à gratin. Concassez les noix dans un mortier.

Préchauffez le four à 210 °C (th. 7). Dans le plat à gratin, disposez une couche de pommes de terre et une couche de crème au bleu. Renouvelez l'opération jusqu'à la fin des ingrédients, en terminant par une couche de pommes de terre. Parsemez le tout de gruyère râpé et de noix concassées. Faites cuire au four 20 min jusqu'à ce que le fromage soit bien fondu et servez illico presto.

176

GRATIN DE POMMES DE TERRE, PLEUROTES ET CHEDDAR

DIFFICULTÉ : facile
COÛT : raisonnable

PRÉPARATION : 25 minutes
CUISSON : 25 minutes

POUR 4 À 6 PERSONNES

1 kg de pommes de terre charlotte
400 g de pleurotes
100 g de lardons allumettes
200 g de cheddar
1 filet d'huile d'olive pour la poêle
1 filet d'huile pour le plat à gratin
Sel et poivre

Lavez les pommes de terre puis déposez-les dans une casserole d'eau froide salée. Portez à ébullition et laissez cuire 15 à 20 min environ (selon leur grosseur).

Pendant ce temps, huilez un plat à gratin. Lavez et séchez délicatement les pleurotes en les posant sur du papier absorbant. Coupez-les en tout petits morceaux.

Dans une poêle, faites chauffer le filet d'huile. Ajoutez les pleurotes et les lardons. Faites-les revenir 7 à 8 min en remuant. Poivrez généreusement. Quand les pommes de terre sont cuites, égouttez-les bien, épluchez-les puis coupez-les en rondelles assez fines.

Préchauffez le four à 210 °C (th. 7). Coupez le cheddar en lamelles. Disposez dans le plat à gratin une couche de pommes de terre, une couche de champignons aux lardons et une couche de cheddar. Renouvelez l'opération jusqu'à la fin des ingrédients, en terminant par une couche de fromage. Faites cuire au four 25 min environ jusqu'à ce que le fromage soit bien fondu. Servez chaud.

178 MINIGRATINS SAVOYARDS

DIFFICULTÉ : très facile
COÛT : bon marché

PRÉPARATION : 15 minutes
CUISSON : 30 minutes

POUR 2 PERSONNES

- 200 g de crozets à la farine de sarrasin
- 4 tranches de jambon cru
- 80 g de tomme de Savoie
- 15 cl de crème liquide
- 2 tablettes de bouillon de volaille
- Noix muscade fraîchement râpée
- Sel, poivre

Matériel
Plats à gratin individuels

Faites cuire les crozets, pendant 15 min, dans un grand volume d'eau légèrement salée et dans laquelle vous aurez dilué les tablettes de bouillon. Égouttez. Retirez la croûte du fromage et coupez-le en petits morceaux.

Préchauffez le four à 200 °C (th. 6-7). Taillez les tranches de jambon en lardons et mélangez-les avec les crozets. Répartissez le tout dans les plats, versez la crème, parsemez de muscade et de morceaux de tomme. Enfournez 15 min afin de bien faire dorer le fromage. Servez chaud.

180

GRATIN DAUPHINOIS

DIFFICULTÉ : facile
COÛT : bon marché

PRÉPARATION : 20 minutes
CUISSON : 1 heure 15

POUR 4 PERSONNES

1,2 kg de pommes de terre
25 cl de lait
4 cuil. à soupe de crème fraîche
2 pincées de noix de muscade
2 pincées de piment de Cayenne (facultatif)
3 gousses d'ail (facultatif)
1 cuil. à café de thym
1 gousse d'ail pour le plat à gratin
1 noisette de beurre pour le plat à gratin
Sel et poivre

Épluchez les pommes de terre. Rincez-les puis essuyez-les bien. Coupez-les en fines rondelles à l'aide d'un robot ou d'un couteau. Salez et poivrez. Préchauffez le four à 200 °C (th. 6-7).

Dans un bol, mélangez le lait, la crème, la noix de muscade et le piment de Cayenne. Épluchez une gousse d'ail, coupez-la en deux et frottez-en l'intérieur d'un plat à gratin. Beurrez ensuite le plat.

Épluchez les 3 gousses d'ail et déposez-les entières dans le plat. Répartissez les pommes de terre. Parsemez le tout de thym. Versez le mélange lait-crème sur les pommes de terre. Faites cuire au four entre 1 h et 1 h 15 min, en baissant la température du four à 180 °C (th. 6) à mi-cuisson. Servez chaud.

+ La clé de la réussite ? N'hésitez pas à remuer plusieurs fois les pommes de terre pendant la cuisson au four.
Pour donner encore plus de moelleux à votre gratin, vous pouvez rajouter 2 cuil. à soupe de crème fraîche en cours de cuisson.
Pour varier : version savoyarde. Il suffit de rajouter 100 g de gruyère râpé et de le répartir entre chaque couche de pommes de terre.
Pour subtilement faire varier la consistance et la saveur de ce gratin, jouez sur les variétés de pommes de terre. Elles sont si nombreuses...

182 GRATIN DE POMMES DE TERRE ET DE CÉLERI

DIFFICULTÉ : facile
COÛT : bon marché

PRÉPARATION : 15 minutes
CUISSON : 2 heures

POUR 4 PERSONNES

- 1 kg de pommes de terre (Mona Lisa ou BF15)
- ½ boule de céleri-rave
- 2 gousses d'ail
- 75 cl de crème liquide
- 2 tablettes de bouillon de volaille bio
- Noix muscade fraîchement râpée
- Sel, poivre

Épluchez le céleri et les pommes de terre. Coupez-les en tranches de 2 à 3 mm d'épaisseur. Épongez les légumes avant de les répartir dans un plat à gratin.

Préchauffez le four à 180 °C (th. 6). Épluchez et hachez les gousses d'ail. Dans une casserole, portez à ébullition la crème liquide avec les tablettes de bouillon, l'ail haché, du sel, du poivre et de la noix muscade.

Versez la crème bouillante dans le plat à gratin (il faut que la crème surnage légèrement au-dessus des pommes de terre). Couvrez d'un papier d'aluminium et enfournez pour 1 h de cuisson.

Retirez alors le papier d'aluminium et poursuivez la cuisson pendant encore 1 h à la même température. Le dessus du gratin va alors dorer.

Vérifiez la cuisson en enfonçant la pointe d'un couteau dans les légumes. Il ne doit rencontrer aucune résistance. Servez aussitôt.

+ C'est un gratin tout à fait délicieux que vous pouvez savourer simplement avec une salade. Vous pouvez aussi le servir en accompagnement de gibier ou d'une viande rôtie.

184 MINIGRATINS DE BLETTES ET DE GIROLLES

DIFFICULTÉ : facile
COÛT : raisonnable

PRÉPARATION : 15 minutes
CUISSON : 30 minutes
REPOS : 15 minutes

POUR 2 PERSONNES

½ botte de blettes
100 g de girolles
1 échalote hachée
1 noisette de beurre
1 cuil. à soupe d'huile d'olive
Sel, poivre

Pour la béchamel
25 g de farine
25 g de beurre
25 cl de lait frais
5 cl de crème liquide
50 g de parmesan
Noix muscade fraîchement râpée
Sel, poivre

Matériel
2 miniplats à gratin

Coupez la partie terreuse des girolles. Passez-les sous un filet d'eau. Séchez-les aussitôt. Nettoyez, puis coupez les tiges et les feuilles de blettes en tronçons de 1 cm de large.

Faites cuire les blettes à l'eau bouillante salée pendant 10 min. Laissez-les s'égoutter ensuite pendant 15 min. Pendant ce temps, faites revenir les girolles et l'échalote dans le mélange de beurre et d'huile d'olive, en remuant souvent. Vérifiez l'assaisonnement. Mélangez les blettes avec les girolles. Répartissez-les dans les miniplats à gratin. Préchauffez le four à 190 °C (th. 6).

Préparez la béchamel : dans une casserole, faites fondre le beurre et la farine et laissez cuire, en remuant sans arrêt, jusqu'à ce que le mélange prenne une belle couleur blonde. Versez alors le lait, la crème liquide, du sel, du poivre et de la noix muscade. Portez à ébullition en remuant jusqu'à ce que la béchamel épaississe. Ajoutez alors le parmesan et versez la sauce sur les légumes.

Faites cuire au four pendant 15 min afin de bien faire dorer le parmesan. Servez chaud.

186 GRATIN DE CHAMPIGNONS SAUVAGES AUX LARDONS

DIFFICULTÉ : facile
COÛT : raisonnable

PRÉPARATION : 30 minutes
CUISSON : 25 minutes

POUR 4 PERSONNES

500 g de pommes de terre
300 g de champignons sauvages
2 échalotes
100 g de lardons
½ botte de persil
20 cl de crème liquide
100 g d'emmental râpé
1 belle noix de beurre pour la poêle
1 noisette de beurre pour le plat à gratin
Sel et poivre

Lavez les pommes de terre puis déposez-les dans une casserole d'eau froide salée. Portez à ébullition et laissez cuire 15 à 20 min environ. Pendant ce temps, lavez les champignons, séchez-les délicatement puis coupez-les finement. Épluchez les échalotes et hachez-les. Lavez le persil et coupez-le finement.

Dans une poêle, faites fondre la noix de beurre. Versez-y les échalotes et faites-les revenir 2 min environ. Puis ajoutez les lardons. Laissez cuire 5 min en mélangeant bien. Ajoutez les champignons sauvages et le persil. Poivrez et laissez cuire jusqu'à ce que les champignons et les lardons deviennent bien dorés.

Préchauffez le four à 210 °C (th. 7). Beurrez un plat à gratin. Déposez les champignons et les lardons dans le fond du plat. Quand les pommes de terre sont cuites, égouttez-les bien puis épluchez-les. Coupez-les en rondelles.

Couvrez les champignons de rondelles de pommes de terre et parsemez le tout de crème liquide et d'emmental râpé. Faites cuire au four 20 à 25 min jusqu'à ce que le gratin soit bien doré. Servez illico presto.

188

MINIGRATINS DE CHAMPIGNONS

DIFFICULTÉ : facile
COÛT : raisonnable

PRÉPARATION : 25 minutes
CUISSON : 40 minutes

Nettoyez et essuyez les champignons. S'ils sont trop gros, coupez-les en deux.

Dans une poêle, faites revenir les champignons et l'échalote dans le beurre et l'huile chauds. Comptez 10 à 15 min de cuisson. Il faut que l'eau de végétation des champignons ait disparu.

Assaisonnez les champignons et répartissez-les dans des miniplats à gratin. Dans un bol, mélangez les œufs avec la crème, du sel, du poivre et de la noix muscade. Versez sur les champignons, parsemez de parmesan et faites cuire 20 min au four à 190 °C (th. 6).

POUR 2 PERSONNES

500 g d'un mélange
de champignons
(girolles, chanterelles...)
1 échalote hachée
2 œufs
30 cl de crème liquide
2 cuil. à soupe de parmesan râpé
1 noisette de beurre
1 cuil. à soupe d'huile d'olive
Noix muscade fraîchement râpée
Sel, poivre

190 GRATIN FORESTIER

DIFFICULTÉ : un peu difficile
COÛT : bon marché

PRÉPARATION : 30 minutes
CUISSON : 20 minutes

POUR 6 PERSONNES

3 poireaux
250 g de champignons de Paris ou de shitakés
1 boîte de châtaignes (250 g)
1 cuil. à soupe de persil haché
1 cuil. à café de romarin ciselé
1 cuil. à soupe d'huile de sésame
2 cuil. à soupe d'huile d'olive
1 cuil. à café de sauce soja
1 cuil. à soupe de fécule de pommes de terre
Sel, poivre du moulin

Préchauffez le four à 180 °C (th. 6). Lavez et épluchez les poireaux. Coupez-les en tronçons de 4 cm, puis coupez-les en deux dans le sens de la longueur. Rincez les champignons et coupez-les en grosses lamelles. Égouttez les châtaignes.

Dans une petite casserole, mélangez le persil haché, le romarin ciselé, l'huile de sésame, l'huile d'olive et la sauce soja. Faites réduire légèrement le mélange et ajoutez la fécule de pommes de terre pour faire épaissir un peu la sauce. Mélangez. Salez, poivrez.

Dans un plat à gratin, disposez les poireaux, les champignons et les châtaignes. Recouvrez de la sauce et faites cuire 20 min à 180 °C (th. 6).

192 GRATIN D'OIGNONS AU THYM

DIFFICULTÉ : facile
COÛT : bon marché

PRÉPARATION : 30 minutes
CUISSON : 15 minutes

Épluchez les oignons et coupez-les finement. Dans une sauteuse, faites chauffer l'huile. Ajoutez les oignons et le thym et faites cuire le tout à feu doux et à couvert 20 min environ. Mélangez régulièrement. Après ces 20 min de cuisson, ajoutez les lardons et faites cuire à nouveau 8 à 10 min en remuant de temps en temps.

Pendant ce temps, beurrez un plat à gratin. Dans un bol, battez à l'aide d'un fouet les jaunes d'œufs avec la crème liquide. Salez légèrement et poivrez généreusement.

Préchauffez le four à 210 °C (th. 7). Répartissez les oignons dans le fond du plat. Versez la préparation aux œufs sur les oignons. Puis parsemez le tout de gruyère râpé. Faites cuire au four 15 min environ jusqu'à ce que le fromage soit bien fondu. Servez chaud.

POUR 4 PERSONNES

1 kg d'oignons
3 pincées de thym
100 g de lardons fumés
2 jaunes d'œufs
15 cl de crème liquide
1 poignée de gruyère râpé
1 beau filet d'huile d'olive pour la sauteuse
1 noisette de beurre pour le plat à gratin
Sel et poivre

+ Vous pouvez terminer la cuisson en passant votre gratin 5 min sous le gril du four. Essayez cette recette avec des oignons rouges ; dans ce cas, troquez le thym contre ½ cuil. à café de mélange 4 épices.

194

GRATIN D'OIGNONS DOUX AU PARMESAN

DIFFICULTÉ : facile

COÛT : bon marché

PRÉPARATION : 20 minutes

CUISSON : 5 minutes

POUR 4 PERSONNES

500 g d'oignons doux des Cévennes
30 g de parmesan râpé
30 g de beurre demi-sel
2 pincées de fleur de sel
4 tours de poivre du moulin

Préchauffez le four sur la position gril ou à 250 °C (th. 8-9). Épluchez les oignons et coupez-les en fines lamelles. Faites revenir les oignons dans une poêle à feu doux avec le beurre et la fleur de sel. Poursuivez la cuisson jusqu'à ce que les oignons soient translucides.

Disposez les oignons dans un plat à gratin. Ils doivent couvrir le fond du plat sur une couche peu épaisse. Poivrez-les puis recouvrez-les du parmesan râpé. Faites dorer le gratin 5 min sous le gril du four ou à 250 °C (th. 8-9).

196

GRATIN D'OIGNONS ROUGES AU VINAIGRE BALSAMIQUE

DIFFICULTÉ : facile

COÛT : bon marché

PRÉPARATION : 5 minutes

CUISSON : 3 heures

POUR 6 PERSONNES

6 oignons rouges

20 cl de vinaigre balsamique

5 cuil. à soupe d'huile d'olive

Préchauffez le four à 140 °C (th. 4-5). Coupez le dessous des oignons, sans les éplucher, de manière à ce qu'ils soient stables.

Placez les oignons dans un plat allant au four. Arrosez-les d'huile d'olive et de vinaigre balsamique.

Enfournez les oignons pendant 3 h à 140 °C (th. 4-5). Toutes les 15 min, arrosez les oignons de jus de cuisson à l'aide d'une cuillère à soupe. Ils doivent être totalement enrobés et confits en fin de cuisson.

198 GRATIN DE CHOU-FLEUR AUX OIGNONS ROUGES ET AUX ŒUFS DURS

DIFFICULTÉ : facile
COÛT : bon marché

PRÉPARATION : 15 minutes
CUISSON : 40 minutes

POUR 4 PERSONNES

1 chou-fleur
2 oignons rouges
4 œufs
Sel, poivre

Pour la béchamel
25 g de farine
25 g de beurre
25 cl de lait frais
5 cl de crème liquide
50 g de parmesan
Noix muscade fraîchement râpée

Épluchez les oignons. Coupez-les en rondelles de 1 à 2 mm d'épaisseur. Retirez le pied et les tiges du chou-fleur. Faites cuire les bouquets 12 à 15 min dans une grande casserole remplie d'eau bouillante salée. Égouttez. Par ailleurs, faites durcir les œufs 8 min à l'eau bouillante salée. Passez-les sous l'eau froide et retirez la coquille.

Préchauffez le four à 190 °C (th. 6). Préparez la béchamel : dans une casserole, faites fondre le beurre et la farine et laissez cuire, en remuant sans arrêt, jusqu'à ce que le mélange prenne une belle couleur blonde. Versez alors le lait, la crème, du sel, du poivre et de la noix muscade. Portez à ébullition en remuant jusqu'à ce que la béchamel épaississe. Ajoutez alors le parmesan.

Dans le plat à gratin, répartissez d'abord le chou-fleur, puis disposez en rosace les rondelles d'oignon et terminez en mettant des rondelles d'œuf dur. Nappez de sauce. Faites cuire au four pendant 20 min afin de bien faire dorer le parmesan. Servez chaud.

200

GRATIN DE MORUE AUX OIGNONS ROUGES ET POMMES DE TERRE

DIFFICULTÉ : facile

COÛT : bon marché

DESSALAGE : 48 heures

PRÉPARATION : 30 minutes

CUISSON : 45 minutes

POUR 6 PERSONNES

500 g de morue
1 kg de pommes de terre
1 oignon rouge
200 g de tomates cerise
1 tête d'ail
3 branches de thym
1 filet d'huile d'olive
Sel, poivre du moulin

Matériel

Cuit vapeur ou marguerite

Faites dessaler la morue 48 h avant dans un grand volume d'eau claire. Changez l'eau au minimum 4 fois. Une fois le temps écoulé, faites cuire la morue 5 min dans une casserole d'eau bouillante puis émiettez-la grossièrement.

Préchauffez le four à 180 °C (th. 6). Épluchez, lavez et coupez les pommes de terre en gros morceaux. Faites-les cuire à la vapeur 10 min. Les pommes de terre doivent être encore fermes.

Épluchez et coupez l'oignon rouge en six. Lavez et coupez les tomates cerise en deux.

Mettez les pommes de terre, la tête d'ail coupée en deux horizontalement, l'oignon rouge, les tomates cerise et la morue émiettée dans un plat à gratin. Arrosez le tout d'un généreux filet d'huile d'olive. Salez, poivrez. Effeuillez le thym sur le gratin et faites cuire 30 min à 180 °C (th. 6).

202

MINIGRATINS CABILLAUD-POMMES DE TERRE

DIFFICULTÉ : facile

COÛT : raisonnable

PRÉPARATION : 15 minutes

CUISSON : 1 heure

POUR 2 PERSONNES

2 pavés de cabillaud
500 g de pommes de terre
2 oignons
1 bouquet garni
40 cl de vin blanc sec
1 tablette de bouillon de volaille
Sel, poivre

Épluchez les pommes de terre et les oignons, puis coupez-les en lamelles de 1 à 2 mm. Répartissez-les dans des miniplats à gratin.

Portez à ébullition le vin blanc avec un peu de sel, de poivre, la tablette de bouillon et le bouquet garni. Laissez cuire 5 à 6 min, puis versez le vin bouillant sur les pommes de terre. Il faut que le vin affleure à la surface. Couvrez les plats de papier sulfurisé et enfournez 50 min à 190 °C (th. 6).

Épongez les pavés de cabillaud et posez-les sur les gratins après avoir ôté le papier et vérifié la cuisson des légumes avec la pointe d'un couteau. Remettez à cuire 10 min. Laissez reposer 5 min avant de servir.

204

GRATIN LIGHT ÉPINARDS, CABILLAUD ET FINES HERBES

DIFFICULTÉ : facile
COÛT : raisonnable

PRÉPARATION : 20 minutes
CUISSON : 15 minutes

POUR 6 PERSONNES

1 paquet d'épinards surgelés (600 g)
1 cube de court-bouillon
4 tranches de cabillaud
½ botte de persil
½ botte de cerfeuil
10 cl de crème fraîche allégée
2 pincées de noix de muscade
Le jus de 1 citron
1 poignée de gruyère râpé
1 filet d'huile pour le plat à gratin
Sel et poivre

Faites cuire les épinards surgelés comme indiqué sur le paquet.

Portez à ébullition une grande casserole d'eau. Ajoutez le cube de court-bouillon, mélangez bien puis faites-y cuire le cabillaud pendant 7 à 10 min environ (selon la grosseur des tranches). Huilez un plat à gratin.

Lavez le persil et le cerfeuil et coupez-les finement. Quand les épinards sont cuits, égouttez-les bien pour enlever le maximum d'eau. Versez-les dans un saladier, ajoutez la crème fraîche. Salez et poivrez. Ajoutez la noix de muscade et mélangez bien.

Préchauffez le four à 210 °C (th. 7). Quand le cabillaud est cuit, égouttez-le, ôtez les arêtes si nécessaire et émiettez-le grossièrement. Dans un saladier, mélangez-le avec les fines herbes puis répartissez le tout dans le fond du plat. Arrosez de jus de citron et recouvrez le tout avec les épinards. Parsemez de gruyère râpé et faites cuire au four 10 min jusqu'à ce que le fromage soit bien fondu. Terminez la cuisson par 5 min sous le gril du four.

206

GRATIN DE MAQUEREAUX MARINÉS À L'ASIATIQUE ET POMMES DE TERRE

DIFFICULTÉ : facile

COÛT : bon marché

PRÉPARATION : 25 minutes

MARINADE : 1 heure

CUISSON : 35 minutes

POUR 6 PERSONNES

8 filets de maquereau
1 kg de pommes de terre
3 cuil. à soupe d'huile d'olive
3 cuil. à soupe d'huile de sésame grillé
Sel, poivre du moulin

Pour la marinade
2 gousses d'ail
5 g de gingembre
3 cuil. à soupe d'huile d'olive
2 cuil. à soupe de sauce soja
1 cuil. à soupe de miel liquide

Préparez la marinade : épluchez et hachez finement l'ail et le gingembre avec un petit couteau bien aiguisé. Mélangez l'huile d'olive, la sauce soja, le miel, l'ail et le gingembre hachés. Enrobez les filets de maquereaux de cette sauce et laissez-les mariner 1 h au réfrigérateur.

Préchauffez le four à 180 °C (th. 6). Épluchez, lavez et coupez les pommes de terre en gros dés. Faites-les cuire à la vapeur 15 min. Une fois cuites, écrasez-les à la fourchette et ajoutez l'huile d'olive et l'huile de sésame grillé. Salez, poivrez.

Dans un plat à gratin, déposez une couche épaisse de purée puis posez les filets de maquereaux égouttés. Faites cuire 20 min à 180 °C (th. 6).

208

GRATIN DE HADDOCK, SAUMON, POMMES DE TERRE ET PETITS LÉGUMES

DIFFICULTÉ : facile
COÛT : un peu cher

PRÉPARATION : 30 minutes
CUISSON : 45 minutes

POUR 6 PERSONNES

1 kg de pommes de terre
1 carotte
2 branches de céleri
3 tomates
100 g de mimolette vieille
1 petite botte de persil
1 petite botte de ciboulette
1 citron non traité
300 g de filet de saumon
300 g de filet de haddock
1 filet d'huile d'olive
Sel, poivre du moulin

Matériel
Cuit vapeur ou marguerite

Préchauffez le four à 180 °C (th. 6). Épluchez et lavez les pommes de terre. Coupez-les en gros cubes et faites-les cuire 15 min à la vapeur. Une fois cuites, écrasez-les à la fourchette et ajoutez 1 filet d'huile d'olive. Salez, poivrez.

Épluchez et lavez la carotte et les branches de céleri. Hachez-les finement. Lavez, équeutez les tomates et coupez-les en petits dés. Râpez la mimolette, ciselez le persil et la ciboulette. Prélevez les zestes et le jus du citron. Mélangez tous ces ingrédients et disposez-les dans le fond d'un plat à gratin.

Coupez les filets de saumon et de haddock en petits cubes et disposez-les sur le mélange haché. Recouvrez le tout de la purée de pommes de terre. Faites cuire 30 min à 180 °C (th. 6)

+ La purée sur le gratin doit être bien dorée.

GRATIN DE RAIE, POMMES DE TERRE ET PETITS LÉGUMES

DIFFICULTÉ : un peu difficile
COÛT : un peu cher

PRÉPARATION : 40 minutes
CUISSON : 55 minutes

POUR 6 PERSONNES

1 kg de pommes de terre
20 cl de crème fraîche
2 ailes de raie
2 carottes non traitées
2 courgettes non traitées
2 oignons
2 échalotes
2 gousses d'ail
Le jus de ½ citron non traité
1 pincée de piment d'Espelette
1 cuil. à soupe de câpres
20 g de chapelure
100 g de parmesan
2 feuilles de laurier
2 filets d'huile d'olive
Sel, poivre du moulin

Préchauffez le four à 200 °C (th. 6-7). Épluchez, lavez et coupez les pommes de terre en gros dés. Faites-les cuire à la vapeur 15 min (voir technique p. 12-13). Une fois cuites, écrasez-les à la fourchette et ajoutez 1 filet d'huile d'olive et 1 cuil. à soupe de crème fraîche. Salez, poivrez.

Dans une casserole, faites bouillir une grande quantité d'eau salée avec 2 feuilles de laurier et 2 tours de moulin à poivre. Plongez les ailes de raie dans l'eau bouillante. La cuisson est terminée lorsque la chair se détache facilement des arêtes. Une fois la raie cuite, détachez la chair des arêtes et mettez-la de côté.

Lavez et épluchez les carottes. Lavez et ôtez les extrémités des courgettes. À l'aide d'un rasoir à légumes ou d'un économe, faites des tagliatelles de carottes et de courgettes (voir technique p. 14). Épluchez les oignons et les échalotes et émincez-les finement. Dans une poêle, faites revenir les oignons et les échalotes dans 1 filet d'huile d'olive. Ajoutez 1 gousse d'ail épluchée et écrasée, le jus de citron ainsi que les tagliatelles de légumes. Laissez cuire à feu moyen environ 10 min, le temps que les

tagliatelles soient cuites tout en restant fermes. Mettez-les de côté.

Dans la poêle ayant servi à la cuisson des tagliatelles, faites revenir la raie. Ajoutez-y le piment d'Espelette, les câpres et le reste de la crème. Préparer une panure en mélangeant la chapelure et le parmesan.

Dans un plat à gratin, frotté avec 1 gousse d'ail coupée en deux, disposez une couche de purée, une couche de tagliatelles de légumes, une couche de raie et terminez avec une couche de purée. Parsemez le dessus du gratin de la panure au parmesan. Faites dorer le gratin 30 min à 200 °C (th. 6-7).

212

MINIGRATINS DE SAUMON AUX BROCOLIS

DIFFICULTÉ : facile
COÛT : raisonnable

PRÉPARATION : 20 minutes
CUISSON : 35 minutes

POUR 2 PERSONNES

2 petits pavés de saumon
1 tête de brocoli
Quelques brins d'aneth
25 cl de crème liquide
2 cuil. à café de parmesan fraîchement râpé
1 œuf + 1 jaune
1 pincée de noix muscade
Sel, poivre

Matériel
2 miniplats à gratin

Retirez le pied et les tiges du brocoli. Dans une casserole remplie d'eau bouillante salée, faites cuire les fleurs de brocoli pendant 8 à 10 min. Égouttez.

Dans une casserole, portez à frémissement de l'eau salée. Faites-y pocher les pavés de saumon pendant 8 à 10 min. Sortez-les de l'eau et laissez-les s'égoutter quelques minutes avant de les couper en gros cubes.

Préchauffez le four à 190 °C (th. 6). Effeuillez et hachez grossièrement l'aneth. Dans un bol, battez en omelette l'œuf et le jaune avec la crème, l'aneth, du sel, du poivre et la noix muscade.

Répartissez le brocoli et le saumon dans les miniplats à gratin. Versez la crème, parsemez de parmesan et faites cuire au four pendant 15 min. Le gratin doit prendre et le fromage dorer. Servez aussitôt.

+ Vous pouvez ajouter dans la recette des épinards en branches cuits. Vous pouvez substituer du saumon fumé au saumon frais. Dans ce cas, remplacez le parmesan par du munster dont vous aurez retiré la croûte.

214

GRATIN DE SAUMON AUX ÉPINARDS ET SPAGHETTIS

DIFFICULTÉ : facile
COÛT : raisonnable

PRÉPARATION : 30 minutes
MARINADE : 20 minutes
CUISSON : 20 minutes

POUR 6 PERSONNES

350 g de spaghettis
300 g de filet de saumon
1 kg d'épinards frais
20 cl de bouillon de légumes
1 cuil. à soupe de sauce soja
1 cuil. à café de fécule de maïs
1 cuil. à soupe de graines de sésame noir (ou blond)
2 cuil. à soupe d'huile d'olive
Sel, poivre du moulin

Pour la marinade
1 cuil. à soupe de sauce soja
1 cuil. à soupe de vinaigre de riz
2 gousses d'ail
3 cm de gingembre frais

Préchauffez le four à 180 °C (th. 6). Faites cuire les spaghettis. Rincez-les à l'eau claire et mettez-les de côté.

Coupez le filet de saumon en cubes d'environ 3 cm de côté. Disposez-les dans une assiette creuse avec 1 cuil. à soupe de sauce soja, 1 cuil. à soupe de vinaigre de riz, 2 gousses d'ail épluchées et hachées et 3 cm de gingembre haché. Laissez mariner 20 min en enrobant bien les morceaux de saumon.

Lavez les épinards et ciselez-les. Faites chauffer une poêle avec 2 cuil. à soupe d'huile d'olive et faites revenir les feuilles d'épinard jusqu'à ce qu'elles s'attendrissent. Ajoutez 20 cl de bouillon de légumes et 1 cuil. à soupe de sauce soja, la fécule de maïs et 2 à 3 tours de moulin à poivre. Laissez cuire ainsi 5 min.

Dans une poêle sans matière grasse, faites griller quelques instants les graines de sésame noir. Dans un plat à gratin, disposez les spaghettis, recouvrez des épinards puis des dés de saumon égouttés. Faites cuire 15 min à 180 °C (th. 6). Au moment de servir parsemez le gratin des graines de sésame noir grillées.

216

GRATIN DE CALAMARS À LA TUNISIENNE

DIFFICULTÉ : un peu difficile

COÛT : raisonnable

PRÉPARATION : 45 minutes

CUISSON : 10 minutes

POUR 6 PERSONNES

100 g de boulgour fin
4 gros calamars entiers nettoyés
1 bouquet de menthe
1 bouquet de coriandre
1 bouquet de persil plat
1 citron confit
2 oignons
Le jus de 1 citron non traité
1 gousse d'ail
3 cuil. à soupe d'huile d'olive
Sel, poivre du moulin

Préchauffez le four à 210 °C (th. 7). Faites cuire le boulgour selon les indications de l'emballage. Coupez les calamars en rondelles de 1 cm de large. Conservez les tentacules des calamars.

Ciselez la menthe, la coriandre et le persil plat. Détaillez en tout petits dés le citron confit. Dans un saladier, mélangez le boulgour, 2 cuil. à soupe de chaque herbe ciselée, les oignons préalablement épluchés et hachés puis 2 cuil. à soupe d'huile d'olive. Salez et poivrez généreusement.

Rincez les calamars et faites-les revenir pendant quelques instants dans une poêle à feu vif avec 1 cuil. à soupe d'huile d'olive et le jus de citron.

Frottez un plat à gratin avec la gousse d'ail coupée en deux. Disposez au fond du plat le boulgour. Sur le boulgour, placez les rondelles de calamar et les tentacules. Faites cuire 10 min à 210 °C (th. 7). Au moment de servir parsemez le gratin du reste des herbes ciselées.

218

GRATIN DE CREVETTES THAÏ, CACAHUÈTES ET PIMENT

DIFFICULTÉ : un peu difficile
COÛT : un peu cher

PRÉPARATION : 30 minutes
CUISSON : 15 minutes

POUR 6 PERSONNES

300 g de nouilles de riz larges
3 gousses d'ail
6 choux pak-choï
1 bouquet de coriandre
2 cuil. à soupe de pâte de curry rouge
30 crevettes crues décortiquées
100 g de petits pois surgelés
20 cl de lait
2 cuil. à soupe de sauce nuoc-mâm
2 cuil. à soupe de sucre roux
3 cuil. à soupe de cacahuètes grillées
6 cuil. à soupe d'huile d'olive
Sel, poivre du moulin

Préchauffez le four à 180 °C (th. 6). Faites cuire les nouilles de riz comme indiqué sur l'emballage. Égouttez-les et rincez-les à l'eau froide.

Pelez et hachez les gousses d'ail. Lavez et émincez les choux pak-choï. Rincez et émincez la coriandre. Dans une poêle, faites revenir l'ail dans 3 cuil. à soupe d'huile d'olive. Ajoutez la pâte de curry rouge puis les crevettes. Une fois que les crevettes sont bien roses, retirez du feu.

Dans une autre poêle, faites revenir dans le reste d'huile d'olive les choux pak-choï émincés, les petits pois et la moitié de la coriandre. Une fois que tout est bien réduit versez le lait, la sauce nuoc-mâm et le sucre roux. Salez, poivrez.

Dans un plat à gratin huilé, disposez successivement les nouilles de riz, les choux pakchoï et les crevettes au curry. Parsemez le tout du reste de coriandre et faites cuire le gratin 15 min à 180 °C (th. 6) et parsemez du reste de coriandre avant de servir.

220

GRATIN DE CRABE, POMMES DE TERRE, POIREAUX ET ESTRAGON

DIFFICULTÉ : facile
COÛT : bon marché

PRÉPARATION : 50 minutes
CUISSON : 40 minutes

POUR 6 PERSONNES

1 kg de pommes de terre
10 cl de lait
1 bouquet d'estragon
8 pinces de tourteau cuites
4 poireaux
50 g de parmesan râpé
1 filet d'huile d'olive
Sel, poivre du moulin

Préchauffez le four à 200 °C (th. 6-7). Épluchez, lavez et coupez les pommes de terre en gros morceaux. Faites-les cuire pendant 15 min à la vapeur. Une fois cuites, écrasez les pommes de terre à l'aide d'une fourchette ou d'un presse-purée. Ajoutez le lait et 1 filet d'huile d'olive. Salez, poivrez. Ciselez l'estragon et ajoutez-en 2 cuil. à soupe à la purée.

Retirez la chair des pinces de crabe. Épluchez, lavez et coupez les blancs des poireaux en rondelles. Faites-les cuire 10 min à la vapeur.

Dans un plat à gratin, disposez le crabe puis la purée et les rondelles de poireaux. Saupoudrez le gratin de parmesan râpé. Faites cuire 15 min à 200 °C (th. 6-7).

222

GRATIN DE SAINT-JACQUES, POMMES DE TERRE ET BEURRE CORIANDRE-VANILLE

DIFFICULTÉ : facile
COÛT : cher

PRÉPARATION : 30 minutes
CUISSON : 30 minutes

POUR 6 PERSONNES

- 1 kg de pommes de terre
- 1 cuil. à soupe de crème fraîche
- 1 bouquet de coriandre
- 1 gousse de vanille
- 20 g de beurre
- 8 belles noix de saint-jacques
- 1 filet d'huile d'olive
- Sel, poivre du moulin

Préchauffez le four à 180 °C (th. 6). Épluchez, lavez et coupez les pommes de terre en gros morceaux. Faites-les cuire pendant 15 min à la vapeur. Une fois cuites, écrasez les pommes de terre avec la crème fraîche et 1 filet d'huile d'olive. Salez, poivrez.

Ciselez finement le bouquet de coriandre. Coupez la gousse de vanille en deux dans le sens de la longueur et récupérez les graines à l'aide de la pointe d'un petit couteau. Travaillez le beurre en l'écrasant à l'aide d'une cuillère en bois jusqu'à ce qu'il prenne une texture crémeuse. Incorporez 2 cuil. à soupe de coriandre ciselée et les graines de vanille.

Coupez les noix de saint-jacques en fines lamelles avec un petit couteau bien aiguisé. Salez-les et poivrez-les légèrement.

Dans un plat à gratin, disposez la purée de pommes de terre puis les lamelles de noix de saint-jacques. Parsemez sur le dessus quelques copeaux de beurre coriandre-vanille. Faites cuire 15 min à 180 °C (th. 6).

224 MINI-GRATINS DE POLENTA, TOMATES ET PARMESAN

DIFFICULTÉ : très facile
COÛT : bon marché

PRÉPARATION : 15 minutes
CUISSON : 20 minutes

POUR 6 PERSONNES

150 g de polenta précuite
1 boule de mozzarella
1 belle tomate
25 g de beurre
60 g de parmesan râpé
4 cuil. à soupe de basilic coupé
1 noix de beurre
pour les ramequins

Matériel
6 ramequins

Faites chauffer 75 cl d'eau dans une casserole. Quand l'eau bout, versez la semoule de maïs précuite et faites cuire à feu doux comme indiqué sur le paquet (5 min environ). Mélangez sans cesse.

Égouttez la mozzarella et coupez-la en tranches. Lavez et coupez la tomate en rondelles.

Préchauffez le four à 210 °C (th. 7). Quand la polenta est cuite, ajoutez-y le beurre, le parmesan râpé et la moitié du basilic (2 cuil. à soupe). Mélangez bien puis répartissez la polenta dans le fond de 6 ramequins beurrés.

Ajoutez la mozzarella sur le dessus. Recouvrez le tout de 1 ou 2 rondelle(s) de tomate. Faites cuire au four 15 min environ jusqu'à ce que la mozzarella soit bien fondue. Terminez la cuisson en passant vos mini-gratins 3 min sous le gril. Ajoutez le reste de basilic (2 cuil. à soupe) juste avant de servir.

+ Cette recette fonctionne aussi très bien dans un plat à gratin traditionnel. Dans ce cas-là, rallongez juste un peu le temps de cuisson.
N'hésitez pas à rajouter un peu d'eau bouillante dans votre polenta si elle est trop compacte. Pour plus d'onctuosité, préparez la polenta avec du lait, voire avec un peu de crème liquide.

226

GRATIN DE CROZETS COMME ON L'AIME

DIFFICULTÉ : très facile
COÛT : bon marché

PRÉPARATION : 20 minutes
CUISSON : 20 minutes

POUR 4 À 6 PERSONNES

350 g de crozets
2 échalotes
150 g de lardons
½ reblochon
3 cuil. à soupe de crème fraîche épaisse
1 noisette de beurre pour la poêle
1 noisette de beurre pour le plat à gratin
Sel et poivre

Dans une casserole d'eau bouillante salée, faites cuire les crozets comme indiqué sur le paquet.

Pendant ce temps, épluchez les échalotes et coupez-les finement. Dans une poêle antiadhésive, faites fondre la noisette de beurre. Ajoutez les échalotes et faites-les revenir quelques instants avant d'ajouter les lardons. Laissez cuire 7 à 8 min en mélangeant régulièrement.

Préchauffez le four à 210 °C (th. 7). Beurrez un plat à gratin. Ôtez la croûte du reblochon et coupez-le en tranches. Quand les crozets sont cuits, égouttez-les, déposez-les dans le fond du plat et ajoutez la crème fraîche et les lardons. Mélangez bien.

Poivrez généreusement et recouvrez le tout de reblochon. Faites cuire au four 15 à 20 min jusqu'à ce que le fromage soit bien fondu.

+ Sachez que les crozets sont des pâtes au sarrasin qu'on déguste en Savoie. Vous en trouverez facilement dans les supermarchés.
Pour un côté encore plus gratiné, vous pouvez passer votre gratin 5 min sous le gril du four à la fin de la cuisson.

228

GRATIN D'AUBERGINES, TOMATES ET MOZZARELLA

DIFFICULTÉ : un peu difficile
COÛT : bon marché

PRÉPARATION : 30 minutes
CUISSON : 35 minutes

POUR 4 À 6 PERSONNES

2 aubergines
1 filet d'huile d'olive
10 tomates
2 oignons
4 cuil. à soupe de basilic coupé
1 cuil. à café de sucre en poudre
3 boules de mozzarella
80 g de parmesan râpé
1 filet d'huile pour la poêle
1 gousse d'ail pour le plat à gratin
1 noisette de beurre
pour le plat à gratin
Sel et poivre

Préchauffez le four à 150 °C (th. 5). Lavez et coupez chaque aubergine en rondelles. Posez-les sur la plaque du four recouverte de papier d'aluminium et badigeonnez-les d'un filet d'huile d'olive. Salez et faites cuire au four 30 min environ.

Pendant ce temps, plongez les tomates 30 secondes environ dans une casserole d'eau bouillante. Lorsque leur peau commence à se décoller, ressortez-les une à une à l'aide d'une louche ; pelez-les, épépinez-les et coupez-les en petits morceaux. Épluchez les oignons et coupez-les finement.

Dans une sauteuse, faites chauffer un filet d'huile. Ajoutez les oignons et faites-les revenir 3 min. Ajoutez ensuite les tomates, la moitié du basilic (2 cuil. à soupe) et le sucre. Salez et poivrez. Couvrez et laissez cuire 15 min à feu doux en mélangeant de temps en temps.

Coupez la gousse d'ail en deux et frottez-en l'intérieur d'un plat à gratin. Puis beurrez-le. Égouttez et coupez la mozzarella en rondelles.

Quand les rondelles d'aubergines sont cuites, tapissez-en le fond du plat à gratin. Saupou-

drez-les de parmesan et de basilic (2 cuil. à soupe). Couvrez-les de rondelles de mozzarella puis de purée de tomate. Recommencez l'opération jusqu'à épuisement des ingrédients en terminant par la tomate. Faites cuire au four 30 à 35 min à 180 °C (th. 6). Servez chaud.

230

GRATIN D'AUBERGINES, NOIX ET GORGONZOLA

DIFFICULTÉ : facile
COÛT : bon marché

PRÉPARATION : 25 minutes
CUISSON : 10 minutes

POUR 4 PERSONNES

2 aubergines non traitées
100 g de gorgonzola
50 g de cerneaux de noix
1 filet d'huile d'olive
Poivre du moulin

Préchauffez le four sur la position gril ou à 250 °C (th. 8-9). Lavez et coupez les aubergines en tranches de ½ cm d'épaisseur. Faites-les griller dans une poêle avec 1 filet d'huile d'olive.

Dans un plat à gratin, disposez les tranches d'aubergines. Recouvrez de morceaux de gorgonzola et des cerneaux de noix que vous aurez grossièrement concassés. Poivrez.

Faites dorer le gratin 10 min sur la position gril du four ou à 250 °C (th. 8-9).

232 GRATIN DE CHOUX-FLEURS, COCO, CURRY

DIFFICULTÉ : facile
COÛT : bon marché

PRÉPARATION : 20 minutes
CUISSON : 1 heure

Préchauffez le four à 180 °C (th. 6). Détaillez le chou-fleur en petits bouquets, lavez-les puis cuisez-les à la vapeur pendant 15 min. Épluchez et émincez très finement les gousses d'ail, l'oignon et le gingembre.

Dans une poêle à feu moyen, faites revenir, avec 1 filet d'huile d'olive, le gingembre, l'ail et l'oignon hachés. Ajoutez le curry, le garam masala, le lait de coco et la crème. Laissez mijoter à feu doux pendant 15 min.

Mettez les bouquets de chou-fleur dans un plat à gratin. Versez par-dessus le lait de coco au curry. Saupoudrez le tout de salers râpé. Faites cuire 30 min à 180 °C (th. 6), jusqu'à ce que le gratin soit bien doré.

POUR 4 PERSONNES

1 chou-fleur
3 gousses d'ail
1 oignon
10 g de gingembre
2 cuil. à soupe de curry en poudre
1 cuil. à soupe de garam masala
20 cl de lait de coco
20 cl de crème liquide
60 g de salers (ou comté)
1 filet d'huile d'olive

Matériel

Cuit vapeur ou marguerite

234

MINI-GRATINS DE CÉLERI AU CURRY

DIFFICULTÉ : facile
COÛT : bon marché

PRÉPARATION : 30 minutes
CUISSON : 5 minutes

POUR 6 PERSONNES

1 gros céleri rave (1 kg environ)
1 cuil. à soupe de curry en poudre
40 cl de crème fraîche
80 g de parmesan râpé
1 noisette de beurre
pour les ramequins
Sel et poivre

Matériel
6 ramequins

Épluchez le céleri à l'aide d'un bon couteau et coupez-le en morceaux. Dans une grande casserole d'eau salée, mettez le céleri. Portez à ébullition et laissez cuire 20 à 25 min jusqu'à ce qu'il soit bien tendre.

Pendant ce temps, beurrez 6 ramequins. Dans un bol, mélangez le curry et la crème fraîche. Salez et poivrez. Mélangez à nouveau.

Préchauffez le gril du four. Quand le céleri est cuit, égouttez-le bien et passez-le au moulin à légumes pour le réduire en purée. Versez la crème au curry dans la purée. Mélangez bien.

Répartissez le tout dans les ramequins puis saupoudrez le dessus de parmesan râpé.

Passez sous le gril 5 min pour que le fromage gratine. Servez illico presto.

+ Pour les accros aux épices, augmentez les doses de curry et pour les plus gourmands, rajoutez du gruyère râpé dans la purée de céleri.
Pour une version 100 % light, remplacez la crème par de la crème allégée et réduisez la quantité de parmesan ou troquez-le contre un peu de chapelure.
Pour varier : n'hésitez pas à remplacer le curry par du paprika. Pour une touche spicy, rajoutez quelques pincées de piment d'Espelette dans la purée de céleri.

236 TIAN COMME EN PROVENCE

DIFFICULTÉ : facile
COÛT : bon marché

PRÉPARATION : 20 minutes
CUISSON : 1 heure

POUR 6 PERSONNES

5 tomates
2 petites aubergines
3 petites courgettes
1 cuil. à soupe de chapelure
2 cuil. à soupe de parmesan râpé
1 cuil. à café de thym
1 très beau filet d'huile d'olive
Sel et poivre

Plongez les tomates 30 secondes environ dans une casserole d'eau bouillante. Lorsque leur peau commence à se décoller, ressortez-les une à une à l'aide d'une louche. Puis pelez-les, épépinez-les et coupez-les en rondelles. Lavez les aubergines et les courgettes, ôtez-en les extrémités puis coupez-les en rondelles.

Préchauffez le four à 200 °C (th. 6-7). Dans un bol, mélangez la chapelure avec le parmesan et le thym. Dans un plat à gratin, alternez les légumes (courgettes, tomates et aubergines) en formant des rangées serrées. Salez et poivrez. Saupoudrez du mélange à la chapelure et arrosez généreusement le tout d'huile d'olive. Faites cuire au four 1 h environ en arrosant régulièrement le tian de son jus de cuisson. Servez illico presto.

+ Pour aller plus vite, zappez l'étape où l'on pèle les tomates.
La clé de la réussite ? Arrosez régulièrement les légumes avec leur jus de cuisson. Et n'hésitez pas à rajouter un peu d'huile d'olive au cours de la cuisson pour éviter que les légumes ne dessèchent.
Pour une version plus gourmande, rajoutez entre les couches de légumes quelques rondelles de mozzarella ou de chèvre frais. Un régal !
Pour ce tian, préférez des légumes de petites tailles. Ils sont plus jeunes, plus fermes, ce qui est idéal pour cette recette.

238

GRATIN D'ENDIVES AU CARAMEL DE CAROTTES

DIFFICULTÉ : un peu difficile
COÛT : bon marché

PRÉPARATION : 40 minutes
CUISSON : 35 minutes

POUR 4 PERSONNES

- 2 kg d'endives
- 1 carotte
- 20 cl d'eau
- 150 g de sucre blond
- 2 étoiles de badiane
- 2 bâtons de cannelle
- 4 gousses de cardamome
- 1 clou de girofle
- 1 cuil. à soupe de graines de coriandre
- 7 tours de poivre du moulin
- 20 g de beurre

Préchauffez le four à 200 °C (th. 6-7). Rincez les endives et coupez-les en tronçons de 1 cm. Plongez-les quelques secondes dans une casserole d'eau bouillante puis faites-les revenir avec 10 g de beurre dans une poêle à feu vif.

Épluchez, lavez et râpez la carotte. Placez-la dans une casserole avec 20 cl d'eau et le sucre. Ajoutez les épices. Faites cuire 15 min à feu moyen. Une fois la cuisson terminée, retirez les épices et mixez le caramel de carottes.

Disposez les endives dans un plat à gratin beurré. Recouvrez du caramel de carottes épicé et faites cuire 20 min à 200 °C (th. 6-7).

240 GRATIN DE FENOUIL, CARDAMOME ET PARMESAN

DIFFICULTÉ : facile
COÛT : bon marché

PRÉPARATION : 20 minutes
CUISSON : 2 heures 15

POUR 4 PERSONNES

4 beaux bulbes de fenouil
6 gousses de cardamome
1 gousse d'ail
25 cl de crème liquide entière
50 g de parmesan
Sel, poivre du moulin

Matériel
Cuit vapeur ou marguerite

Préchauffez le four à 160 °C (th. 5-6). Lavez le fenouil et émincez-le en lamelles. Conservez les feuilles du fenouil, ciselez-les et mettez-les de côté. Faites cuire le fenouil émincé à la vapeur pendant 15 min.

Ouvrez les gousses de cardamome et écrasez les graines à l'aide d'un mortier.

Frottez généreusement un plat à gratin avec la gousse d'ail coupée en deux. Disposez en couches successives les bulbes de fenouil émincés et les feuilles ciselées. Assaisonnez-les de sel, poivre du moulin et des graines de cardamome pilées.

Versez la crème liquide sur le fenouil, à fleur, pas plus. Saupoudrez de parmesan fraîchement râpé et enfournez 2 h à 160 °C (th. 5-6).

242

GRATIN AUX TAGLIATELLES DE LÉGUMES ET AUX DEUX FROMAGES

DIFFICULTÉ : un peu difficile
COÛT : raisonnable

PRÉPARATION : 35 minutes
CUISSON : 1 heure

POUR 6 PERSONNES

- 3 carottes
- 2 poireaux
- 100 g de gouda au cumin
- 100 g de mimolette vieille
- 1 oignon
- 1 bulbe de fenouil
- 3 tomates
- 2 œufs
- 20 cl de crème fraîche
- 1 cuil. à café de cumin en poudre
- Sel, poivre du moulin

Préchauffez le four à 200 °C (th. 6-7). Lavez et épluchez les carottes et les poireaux. À l'aide d'un économe, faites des tagliatelles de légumes puis des tagliatelles de gouda au cumin et de mimolette. Épluchez et émincez l'oignon et le bulbe de fenouil. Lavez et coupez les tomates en fines rondelles.

Dans un grand bol, mélangez les 2 œufs entiers avec la crème fraîche et le cumin en poudre. Salez, poivrez.

Dans un plat à gratin, disposez aléatoirement tous les légumes et les fromages émincés en « méli-mélo ». Versez dessus la crème aux œufs et au cumin.

Faites cuire 1 h à 200 °C (th. 6-7). Le gratin doit être bien doré.

244 GRATIN DE LÉGUMES VERTS

DIFFICULTÉ : facile
COÛT : bon marché

PRÉPARATION : 20 minutes
CUISSON : 50 minutes

POUR 4 PERSONNES

2 têtes de brocoli
350 g de haricots verts
300 g de pois gourmands
750 g de petits pois frais
1 poignée de roquette
2 œufs
30 cl de crème liquide
80 g de parmesan entier
2 tablettes de bouillon de volaille
Noix muscade râpée
1 pincée de piment d'Espelette
Sel, poivre

Préparez les légumes verts. Nettoyez et essorez la roquette. Faites cuire les légumes, l'un après l'autre, dans un grand volume d'eau bouillante salée et dans laquelle vous aurez dilué les tablettes de bouillon. Comptez 5 à 10 min afin qu'ils restent croquants. Essorez-les, mélangez-les à la roquette et répartissez-les dans un plat à gratin.

Fouettez les œufs, ajoutez la crème, le piment, de la muscade, du sel, du poivre. Râpez le parmesan et ajoutez-le. Versez sur les légumes et enfournez 20 min à 190 °C (th. 6).

246

GRATIN DE LÉGUMES-RACINES À LA CITRONNELLE ET AU GINGEMBRE

DIFFICULTÉ : facile

COÛT : raisonnable

PRÉPARATION : 25 minutes

CUISSON : 40 minutes

POUR 4 PERSONNES

- 2 panais
- 3 carottes
- 4 gros navets nouveaux
- 3 pommes de terre
- 1 botte de ciboulette
- 1 tige de citronnelle
- 4 cm de gingembre frais
- 2 œufs
- 15 cl de crème liquide
- 15 cl de lait frais
- 2 cuil. à soupe de parmesan
- 2 pincées de gingembre en poudre
- Noix muscade fraîchement râpée
- Sel, poivre

Épluchez les panais, les carottes, les navets et les pommes de terre. Coupez la citronnelle et le gingembre frais en deux dans le sens de la longueur. Hachez la ciboulette.

Dans une grande casserole remplie d'eau froide salée, mettez les navets, les pommes de terre, les panais, les carottes, la citronnelle et le gingembre. Portez à ébullition et comptez 15 min de cuisson. Égouttez les légumes et laissez-les tiédir avant de les couper en fines tranches et de les répartir dans un plat à gratin. Préchauffez le four à 190 °C (th. 6).

Dans un grand bol, fouettez les œufs. Ajoutez la crème, la ciboulette, le gingembre en poudre, de la noix muscade, du sel et du poivre. Versez cette préparation sur les légumes, parsemez de fromage et faites cuire au four pendant 20 min. Servez chaud.

+ Vous pouvez aussi utiliser des patates douces, des rutabagas, des topinambours…

248

MINIGRATINS D'ASPERGES AU CITRON

DIFFICULTÉ : très facile
COÛT : raisonnable

PRÉPARATION : 20 minutes
CUISSON : 25 minutes

Retirez le pied des asperges et épluchez-les jusqu'à 3 cm de la tête. Portez une grande casserole d'eau salée à ébullition. Plongez-y les asperges pendant 5 à 7 min. Égouttez et répartissez dans les miniplats à gratin.

Effeuillez le cerfeuil. Râpez la peau du citron. Mélangez les œufs avec la crème, le zeste râpé, du sel, du poivre, de la muscade et le cerfeuil. Versez dans les plats, parsemez de parmesan et enfournez pendant 20 min à 180 °C (th. 6).

POUR 2 PERSONNES

2 bottes d'asperges vertes
1 citron jaune non traité
Quelques brins de cerfeuil
1 œuf + 1 jaune
25 cl de crème liquide
2 cuil. à café de parmesan fraîchement râpé
1 pincée de noix muscade
Sel, poivre

Matériel

2 miniplats à gratin

250

GRATIN DE LÉGUMES CROQUANTS

DIFFICULTÉ : facile
COÛT : bon marché

PRÉPARATION : 15 minutes
CUISSON : 20 minutes

POUR 4 À 6 PERSONNES

3 carottes
1 tête de brocoli
100 g de petits pois écossés
½ botte de ciboulette
2 œufs
10 cl de lait
10 cl de crème fraîche
60 g de parmesan râpé
1 noisette de beurre pour le plat à gratin
Sel et poivre

Épluchez les carottes et coupez-les en rondelles. Lavez le brocoli et détachez les fleurettes pour obtenir de petits morceaux. Dans une casserole d'eau bouillante salée, faites cuire les légumes (petits pois, brocolis et carottes) 7 à 8 min environ.

Pendant ce temps, beurrez un plat à gratin. Lavez la ciboulette et coupez-la finement. Dans un petit saladier, battez à l'aide d'un fouet les œufs avec le lait, la crème et la ciboulette. Salez et poivrez.

Préchauffez le four à 180 °C (th. 6). Quand les légumes sont cuits, égouttez-les bien puis répartissez-les dans le fond du plat. Nappez-les de la préparation aux œufs et saupoudrez le tout de parmesan râpé. Faites cuire au four 20 min environ. Servez illico presto.

+ Pensez à accompagner ce gratin d'un coulis de tomates. Un délice !
Sachez que vous pouvez utiliser des légumes surgelés pour cette recette.
Pour une touche gourmande, ajoutez au choix dans la préparation aux œufs : des dés de mozzarella, des dés de feta ou 1 poignée de comté râpé.

252 GRATIN DE LÉGUMES FAÇON CRUMBLE

DIFFICULTÉ : facile
COÛT : bon marché

PRÉPARATION : 30 minutes
CUISSON : 30 minutes

POUR 6 PERSONNES

150 g de carottes
150 g de céleri branche
150 g d'oignons
100 g de champignons
2 gousses d'ail
2 cuil. à soupe de sauce soja
10 g de racine de gingembre frais
1 cuil. à café de persil frais haché
30 g de graines de sésame

Pour le crumble
60 g de beurre
100 g de flocons d'avoine
60 g de gruyère râpé
1 pincée de fleur de sel

Préchauffez le four à 200 °C (th. 6-7). Lavez, épluchez et coupez en petits dés les carottes, le céleri, les oignons et les champignons. Émincez finement l'ail. Faites cuire les légumes et l'ail dans une sauteuse avec 15 cl d'eau et 2 cuil. à soupe de sauce soja. Épluchez et hachez finement le gingembre. Ajoutez-le aux légumes. Poursuivez la cuisson jusqu'à ce que les légumes soient fondants.

Préparez le crumble en mélangeant du bout des doigts le beurre, les flocons d'avoine, le gruyère râpé et la fleur de sel.

Ajoutez le persil haché aux légumes, puis disposez-les dans un plat à gratin. Recouvrez les légumes du crumble et saupoudrez de sésame. Faites cuire 30 min à 200 °C (th. 6-7).

254 GRATIN DE TOPINAMBOURS

DIFFICULTÉ : facile
COÛT : bon marché

PRÉPARATION : 20 minutes
CUISSON :
2 heures – 2 heures 30

POUR 6 PERSONNES

1 kg de topinambours
1 gousse d'ail
20 cl de crème liquide entière
Noix muscade
10 g de beurre
Sel, poivre du moulin

Préchauffez le four à 150 °C (th. 5). Épluchez les topinambours et rincez-les brièvement sous l'eau. Coupez-les ensuite en tranches fines à l'aide d'un couteau ou d'une mandoline.

Frottez généreusement un plat à gratin avec la gousse d'ail coupée en deux. Disposez les rondelles de topinambours en couches successives, peu épaisses, que vous assaisonnerez de sel, poivre du moulin et d'un peu de noix muscade fraîchement râpée.

Versez par-dessus la crème liquide. Les topinambours doivent être couverts juste à fleur, pas plus. Disposez quelques noisettes de beurre à la surface du gratin et enfournez à 150 °C (th. 5) pendant 2 h à 2 h 30 selon votre four. N'hésitez pas à poursuivre un peu la cuisson : la surface doit être bien dorée et légèrement desséchée.

256 GRATIN D'ORGE, FÈVES ET CURCUMA

DIFFICULTÉ : facile
COÛT : bon marché

PRÉPARATION : 10 minutes
CUISSON : 1 heure

POUR 6 PERSONNES

- 2 oignons
- 3 gousses d'ail
- 300 g de fèves épluchées
- 60 g d'orge perlé
- 2 cuil. à café de curcuma en poudre
- 1 l de bouillon de légumes
- 60 g de parmesan râpé
- 2 cuil. à soupe d'huile d'olive
- Sel, poivre du moulin

Préchauffez le four à 200 °C (th. 6-7). Épluchez et hachez les oignons et l'ail. Dans une sauteuse, faites-les revenir dans l'huile d'olive.

Ajoutez les fèves, l'orge et le curcuma. Faites cuire 2 min les graines en remuant pour que l'huile enrobe tous les ingrédients. Ajoutez le bouillon de légumes. Faites cuire à couvert à feu doux jusqu'à ce que le bouillon soit absorbé par l'orge (pendant 45 min à 1 h environ). Salez, poivrez.

Disposez le mélange dans un plat à gratin. Recouvrez de parmesan râpé et faites gratiner 15 min à 200 °C (th. 6-7).

258

GRATIN DE LENTILLES, POTIMARRON ET SARRASIN

DIFFICULTÉ : un peu difficile
COÛT : bon marché

PRÉPARATION : 40 minutes
CUISSON : 20 minutes

POUR 6 PERSONNES

4 carottes
½ potimarron (400 g environ)
1 oignon rouge
1 l de bouillon de légumes
1 cuil. à café de curcuma en poudre
140 g de lentilles vertes
120 g de sarrasin
2 gousses d'ail
2 branches de romarin
2 cuil. à soupe de crème fraîche
50 g de fromage râpé
100 g de noisettes décortiquées
1 cuil. à soupe d'huile d'olive
Sel, poivre du moulin

Préchauffez le four à 180 °C (th. 6). Épluchez et lavez les carottes et le ½ potimarron. Coupez-les en petits dés de 1 cm de côté et faites-les cuire à la vapeur pendant 10 min. Épluchez et hachez l'oignon. Faites-le revenir dans une poêle avec 1 cuil. à soupe d'huile d'olive. Ajoutez ensuite les dés de carotte et de potimarron et faites cuire 5 min. Mettez de côté le mélange.

Dans une grande casserole, faites bouillir 1 l de bouillon de légumes, ajoutez le curcuma puis les lentilles et le sarrasin. Salez, poivrez. Faites cuire à feu moyen jusqu'à ce que le bouillon soit absorbé par les céréales.

Épluchez et émincez 1 gousse d'ail. Effeuillez et émincez les branches de romarin. Ajoutez l'ail et le romarin aux céréales puis incorporez la crème fraîche. Mélangez les céréales avec les dés de carottes et de potimarron.

Dans un plat à gratin frotté avec 1 gousse d'ail coupée en deux, disposez le mélange de céréales et de légumes. Saupoudrez de fromage râpé et de noisettes grossièrement concassées. Faites cuire le gratin 20 min à 180 °C (th. 6).

260 MINIGRATINS DE POTIMARRON AUX GAMBAS ET À LA CORIANDRE

DIFFICULTÉ : facile

COÛT : bon marché

PRÉPARATION : 20 minutes

CUISSON : 35 minutes

POUR 2 PERSONNES

400 g de gambas crues entières
1 petit potimarron
1 échalote
1 gousse d'ail
1 botte de coriandre
10 cl de lait de coco
1 cuil. à café d'épices à colombo
4 cuil. à soupe d'huile d'olive
Sel, poivre

Matériel

Moulin à légumes
2 petits plats à gratin

Coupez le potimarron en deux et retirez-en les graines. Détaillez-le ensuite en gros cubes. Effeuillez la coriandre. Épluchez l'échalote et l'ail. Décortiquez les gambas.

Dans une grande casserole, mettez le potimarron, l'échalote et l'ail. Ajoutez 1 ou 2 cuil. à soupe d'eau et posez sur le feu. Couvrez et laissez cuire pendant 15 à 20 min en remuant souvent. Vous devez pouvoir écraser le potimarron à l'aide d'une fourchette.

Passez le potimarron au moulin à légumes muni d'une grille fine. Ajoutez dans la purée le lait de coco, les épices à colombo, la coriandre et vérifiez l'assaisonnement. Répartissez la purée dans les petits plats à gratin.

Préchauffez le four à 190 °C (th. 6). Dans une poêle, faites chauffer l'huile d'olive. Faites-y ensuite dorer les gambas 1 à 2 min de chaque côté. Salez, poivrez et répartissez sur les plats. Faites cuire au four pendant 10 min et servez aussitôt.

262

GRATIN DE RACINES DE CERFEUIL ET PANCETTA IBÉRIQUE

DIFFICULTÉ : un peu difficile

COÛT : bon marché

PRÉPARATION : 30 minutes

CUISSON : 30 minutes

POUR 4 PERSONNES

500 g de racines de cerfeuil
8 tranches fines de pancetta ibérique
1 branche de romarin
20 g de beurre
Poivre du moulin

Matériel

Cuit vapeur ou marguerite

Préchauffez le four à 200 °C (th. 6-7). Épluchez et lavez les racines de cerfeuil. Faites-les cuire pendant 15 min à la vapeur. Une fois cuites, faites-les revenir dans une poêle à feu moyen avec le beurre. Elles doivent être bien dorées.

Dans un plat à gratin, disposez les racines de cerfeuil et les tranches de pancetta ibérique. Poivrez et faites cuire 15 min à 200 °C (th. 6-7). En fin de cuisson, effeuillez le romarin sur le gratin.

+ Vous pouvez trouver des racines de cerfeuil, aussi appelées «cerfeuil bulbeux», chez les primeurs qui vendent des légumes anciens.

264 GRATIN DE BLETTES, TOMATES ET CHORIZO

DIFFICULTÉ : facile
COÛT : bon marché

PRÉPARATION : 30 minutes
CUISSON : 35 minutes

POUR 6 PERSONNES

1 kg de blettes
1 gousse d'ail
1 échalote
1 boîte de tomates pelées (400 g)
10 tranches de chorizo
50 g de parmesan
1 filet d'huile d'olive
Sel, poivre du moulin

Préchauffez le four à 200 °C (th. 6-7). Pelez et émincez la gousse d'ail et l'échalote. Faites-les revenir dans une poêle avec 1 filet d'huile d'olive. Pendant ce temps lavez et coupez les feuilles de blettes en lanières de 1 cm. Ajoutez-les dans la poêle. Faites cuire à couvert pendant 10 min.

Coupez les tomates pelées en quatre et ajoutez-les avec leur jus dans la poêle avec les feuilles de blettes. Poursuivez la cuisson pendant 5 min. Salez, poivrez.

Disposez les feuilles de blettes à la tomate dans un plat à gratin. Coupez les tranches de chorizo en lanières et ajoutez-les aux blettes dans le plat à gratin. Parsemez le tout de parmesan râpé. Faites cuire 20 min à 200 °C (th. 6-7).

266

GRATIN PRALINÉ AUX QUETSCHES

DIFFICULTÉ : un peu difficile
COÛT : bon marché

PRÉPARATION : 15 minutes
CUISSON : 5 minutes

Épluchez les poires et coupez-les en petits morceaux. Lavez les quetsches et coupez-les en deux. Répartissez les fruits dans 4 ramequins plats.

Préchauffez le gril du four. Dans une casserole, mélangez les jaunes d'œufs avec la crème liquide. Ajoutez la Maïzena et faites cuire à feu doux pendant 3 à 4 min environ, jusqu'à ce que le mélange prenne. Ajoutez 2 cuil. à soupe d'eau, le sucre en poudre et le sucre vanillé.

Recouvrez les fruits de la préparation aux œufs. Saupoudrez le tout de pralin. Faites cuire au four 5 min environ jusqu'à ce que ce soit bien doré. Servez tiède avec une boule de glace à la noisette posée sur chaque ramequin.

POUR 4 PERSONNES

- 2 poires mûres
- 8 quetsches
- 6 jaunes d'œufs
- 20 cl de crème liquide
- 2 cuil. à café de Maïzena
- 50 g de sucre en poudre
- 2 sachets de sucre vanillé
- 4 cuil. à soupe de pralin
- 4 boules de glace à la noisette

Matériel

4 ramequins plats (cassolettes)

+ Pour varier : variez les plaisirs en troquant la glace à la noisette contre de la glace à la vanille, au rhum-raisin, au chocolat ou encore un sorbet à la poire.

268

MINI-GRATINS D'ABRICOTS AUX AMANDES

DIFFICULTÉ : assez facile

COÛT : bon marché

PRÉPARATION : 10 minutes

CUISSON : 10 minutes

Préchauffez le four à 180 °C (th. 6). Lavez les abricots et coupez-les en deux. Répartissez-les dans 4 ramequins plats.

Préparez un sabayon : dans un saladier, mélangez les jaunes d'œufs avec le sucre en poudre, le sucre vanillé et le vin blanc doux. Faites cuire cette préparation au bain-marie en fouettant sans cesse jusqu'à ce que le sabayon prenne ; il doit devenir épais tout en restant mousseux (4 à 5 min environ). Quand le sabayon est prêt, réservez-le hors du feu.

Versez le sabayon sur les abricots. Parsemez le tout d'amandes effilées puis faites cuire au four 10 min environ jusqu'à ce que vos mini-gratins soient bien dorés. Servez tiède ou froid.

POUR 4 PERSONNES

8 abricots
4 jaunes d'œufs
80 g de sucre en poudre
½ sachet de sucre vanillé
10 cl de vin blanc doux
4 cuil. à soupe d'amandes effilées

Matériel

4 ramequins plats (cassolettes)

+ La clé de la réussite ? Le sabayon ne doit jamais bouillir, il doit juste s'épaissir. Testez ce dessert accompagné d'une boule de sorbet passion ou de glace praliné.

270

GRATIN D'ABRICOTS AU ROMARIN

DIFFICULTÉ : très facile
COÛT : bon marché

PRÉPARATION : 15 minutes
CUISSON : 20 minutes

POUR 4 PERSONNES

- 600 g d'abricots
- 4 branches de romarin frais
- 75 g de cassonade
- 15 cl de crème liquide
- 1 œuf
- 75 g de poudre d'amandes
- 1 cuil. à soupe d'amandes effilées
- 1 pincée de sel

Dans un saladier, mélangez la cassonade avec la poudre d'amandes, le sel, la crème et l'œuf. Il faut que le mélange soit homogène.

Préchauffez le four à 180 °C (th. 6). Mettez les branches de romarin dans le fond d'un plat à gratin. Rincez et épongez les abricots avec du papier absorbant. Coupez-les en deux, retirez le noyau et disposez-les en rosace dans le plat.

Versez la pâte et enfournez pour 20 min. La pâte doit très légèrement gonfler et dorer. Laissez tiédir le gratin avant de servir.

GRATIN DE FRAISES AU CHAMPAGNE

DIFFICULTÉ : très facile
COÛT : un peu cher

PRÉPARATION : 20 minutes
CUISSON : 10 minutes

Lavez, séchez et équeutez les fraises. Coupez-les ensuite en deux ou en quatre (selon leur grosseur). Dans un mortier, concassez grossièrement les pistaches.

Préchauffez le four à 180 °C (th. 6). Préparez un sabayon : dans un saladier, mélangez les jaunes d'oeufs avec le sucre en poudre, le sucre vanillé et le champagne. Faites cuire cette préparation au bain-marie en fouettant sans cesse jusqu'à ce que le sabayon prenne ; il doit devenir épais tout en restant mousseux (4 à 5 min environ).

Répartissez les fraises dans 4 ramequins plats puis versez le sabayon par-dessus. Saupoudrez de sucre glace puis faites cuire au four 10 min environ jusqu'à ce que vos gratins soient bien dorés. Parsemez-les de pistaches concassées juste avant de servir, tièdes ou froids.

POUR 4 PERSONNES

500 g de fraises gariguette
2 cuil. à soupe de pistaches (facultatif)
4 jaunes d'œufs
80 g de sucre en poudre
½ sachet de sucre vanillé
10 cl de champagne
3 cuil. à soupe de sucre glace

Matériel
5 ramequins plats (cassolettes)

+ Pour aller plus vite, vous pouvez laisser vos fraises entières.
La clé de la réussite ? Le sabayon ne doit jamais bouillir, il doit juste s'épaissir.
Pensez à troquer les pistaches contre deux mini-macarons à la pistache que vous émietterez sur vos gratins à la sortie du four. Fabuleux !

274

GRATIN DE FRUITS ROUGES À LA VERVEINE, ANETH ET ESTRAGON

DIFFICULTÉ : facile

COÛT : bon marché

PRÉPARATION : 15 minutes

CUISSON : 40 minutes

POUR 4 PERSONNES

3 tranches de pain complet
20 g de beurre salé
100 g de sucre
20 cl d'eau
1 grosse poignée de verveine séchée
400 g de fruits rouges mélangés (framboises, myrtilles, mûres, cassis...)
½ botte d'estragon
½ botte d'aneth

Préchauffez le four à 180 °C (th. 6). Enlevez la croûte des tranches de pain et émiettez la mie. Faites revenir la mie dans le beurre salé jusqu'à ce qu'elle soit croustillante et dorée.

Dans une casserole, faites fondre le sucre dans l'eau et ajoutez la verveine. Laissez réduire pendant 10 min. Vous devez obtenir une consistance bien sirupeuse. Filtrez le sirop dans une passoire fine.

Dans un plat à gratin, disposez les fruits rouges. Arrosez-les du sirop de verveine puis répartissez les miettes de pain croustillantes. Faites cuire 20 min à 180 °C (th. 6). Avant de servir, saupoudrez d'aneth et d'estragon ciselé.

+ Vous pouvez utiliser des fruits rouges surgelés.

276

MINIGRATINS DE FRUITS ROUGES

DIFFICULTÉ : assez facile

COÛT : raisonnable

PRÉPARATION : 15 minutes

CUISSON : 15 minutes

POUR 2 PERSONNES

100 g de framboises
100 g de fraises
100 g de mûres
Quelques grappes de groseilles

Pour le sabayon

4 jaunes d'œufs
75 g de sucre
15 cl de champagne
ou de vin blanc

Matériel

2 miniplats à gratin

Nettoyez et équeutez les fraises. Égrappez les groseilles. Répartissez les fruits rouges dans les plats à gratin après les avoir bien épongés.

Dans une casserole, versez le champagne ou le vin blanc, portez à ébullition et faites réduire le liquide de moitié. Laissez refroidir. Ajoutez les jaunes d'œufs et le sucre dans la casserole.

Mettez de l'eau chaude dans une grande casserole et posez-la sur feu moyen. Placez la casserole contenant le sucre et les œufs dans ce bain-marie. Fouettez vigoureusement jusqu'à ce que le mélange double de volume et s'éclaircisse. Nappez les fruits rouges de ce sabayon.

Mettez les petits plats à gratin sous le gril du four pendant 5 min afin qu'ils dorent. Servez aussitôt.

+ Vous pouvez faire tout simplement un sabayon sans alcool. Dans ce cas aromatisez-le avec des zestes de citron vert ou du jus d'orange. Vous pouvez remplacer les fruits rouges par des fruits exotiques, un mélange de pommes et de poires, des raisins, des abricots…

278

MINIGRATINS DE POIRES À LA CRÈME D'AMANDE

DIFFICULTÉ : facile
COÛT : bon marché

PRÉPARATION : 15 minutes
CUISSON : 25 minutes

POUR 2 PERSONNES

2 poires
100 g de sucre
1 bâton de cannelle
2 étoiles de badiane (anis étoilé)
1 gousse de vanille vide que vous aurez gardée d'un précédent dessert

Pour la crème d'amande
80 g de beurre
2 œufs
80 g de poudre d'amandes
80 g de cassonade
1 pincée de sel

Matériel
Mixeur
2 miniplats à gratin

Pelez les poires. Dans une casserole, mettez le sucre, les poires, la cannelle, l'anis et la gousse de vanille. Couvrez d'eau puis portez à ébullition. Baissez alors le feu pour avoir un sirop à frémissements et laissez cuire pendant 20 min. La pointe d'un couteau que vous enfoncerez dans une poire ne doit rencontrer aucune résistance. Égouttez les poires, coupez-les en deux et retirez le cœur.

Préchauffez le four à 190 °C (th. 6). Dans la cuve du mixeur, mettez le beurre, la poudre d'amandes, la cassonade et le sel. Actionnez le robot jusqu'à ce que vous obteniez un mélange homogène. Ajoutez alors les œufs et liez à nouveau la pâte.

Étalez la crème d'amande dans les plats sur 1 cm d'épaisseur. Disposez les 2 demi-poires tête-bêche et faites cuire au four pendant 20 min. Il faut que la crème d'amande gonfle et prenne une belle teinte brun doré. Laissez tiédir avant de servir.

+ Elles sont nombreuses, il suffit pour cela d'aromatiser la crème d'amande avec de la cardamome en poudre, 50 g de chocolat noir fondu, du rhum, un peu de poudre de noisettes…

280

GRATIN DE POIRES ET KIWIS AUX COPEAUX DE CHOCOLAT BLANC

DIFFICULTÉ : facile
COÛT : bon marché

PRÉPARATION : 15 minutes
CUISSON : 15 minutes

Préchauffez le four à 200 °C (th. 6-7). Beurrez un plat à gratin. Épluchez les poires et les kiwis et coupez-les en fines lamelles. Déposez les fruits dans le fond du plat. Formez des copeaux de chocolat blanc à l'aide d'un couteau économe.

Dans un saladier, mélangez les jaunes d'œufs avec la crème liquide, le sucre en poudre, le sucre vanillé et la poudre de noisettes. Versez cette préparation sur les fruits. Faites cuire au four 15 min environ. Servez ce gratin tiède, parsemé de copeaux de chocolat blanc.

POUR 6 PERSONNES

2 poires
6 kiwis
60 g de chocolat blanc
3 jaunes d'œufs
20 cl de crème liquide
70 g de sucre en poudre
1 sachet de sucre vanillé
30 g de poudre de noisettes
1 noisette de beurre
pour le plat à gratin

+ Gratin de kiwis et fraises au chocolat blanc. Il suffit de troquer les poires contre 125 g de fraises coupées en 4.
Pensez à parsemer votre gratin de noix de macadamia concassées juste avant de mettre au four.

282

GRATIN DE POIRES À LA VANILLE ET À L'AMANDE AMÈRE

DIFFICULTÉ : facile

COÛT : bon marché

PRÉPARATION : 10 minutes

CUISSON : 20 minutes

POUR 4 PERSONNES

4 poires
20 cl de lait
1 cuil. à soupe de purée d'amandes
2 cuil. à soupe de sirop d'érable
1 oeuf
3 gouttes d'extrait d'amande amère
1 gousse de vanille

Préchauffez le four à 180 °C (th. 6). Épluchez et lavez les poires. Coupez-les en deux dans le sens de la longueur, retirez le trognon à l'aide d'un couteau ou d'une cuillère. Coupez-les ensuite en lamelles biseautées.

Récupérez les graines de vanille en fendant la gousse en deux et en grattant l'intérieur avec la pointe d'un couteau. Dans une casserole, faites chauffer, sans bouillir, le lait avec la purée d'amandes, les graines de vanille et le sirop d'érable.

Dans un saladier fouettez l'œuf entier, puis versez la crème d'amande chaude sans cesser de remuer. Ajoutez l'extrait d'amande amère.

Dans un plat à gratin, disposez les lamelles de poires en éventail puis versez la crème d'amande. Faites cuire 20 min à 180 °C (th. 6) jusqu'à ce que le gratin soit bien doré.

+ Vous trouverez la purée d'amandes dans les magasins de produits biologiques.

284 GRATIN POMMES-POIRES ET SON COULIS DE FRUITS ROUGES

DIFFICULTÉ : assez facile
COÛT : bon marché

PRÉPARATION : 25 minutes
CUISSON : 20 minutes

POUR 6 PERSONNES

2 pommes rouges
5 poires mûres
1 noisette de beurre pour le plat à gratin

Pour la pâte croustillante
40 g de beurre doux
40 g de beurre salé
60 g de farine
65 g de sucre roux
65 g de poudre de noisettes

Pour le coulis
150 g de fraises
150 g de framboises
100 g de cassis
2 cuil. à soupe de jus de citron
50 g de sucre glace

Préchauffez le four à 210 °C (th. 7). Beurrez un plat à gratin. Épluchez et coupez les pommes et les poires en petits morceaux. Répartissez-les dans le fond du plat.

Préparez la pâte. Coupez le beurre doux et le beurre salé en morceaux et faites-les ramollir au micro-ondes. Dans un saladier, mélangez la farine avec le sucre roux, la poudre de noisettes et les beurres ramollis.

Malaxez la préparation avec les mains puis émiettez-la pour obtenir une pâte sableuse. Ajoutez-la sur les fruits. Faites cuire au four 20 min environ.

Lavez et équeutez les fraises. Rincez les framboises et le cassis. Puis passez tous les fruits au mixeur avec le jus de citron et le sucre glace. Quand le gratin est cuit, servez-le tiède, nappé de coulis de fruits rouges.

286 CRUMBLE POMME-FRAMBOISE

DIFFICULTÉ : très facile

COÛT : bon marché

PRÉPARATION : 15 minutes

CUISSON : 30 minutes

Dans un saladier, mélangez du bout des doigts tous les ingrédients de la pâte à crumble. Cessez de malaxer la pâte lorsqu'elle s'agglomère en petites billes.

Pelez et coupez les pommes, épépinez-les et détaillez-les en gros cubes. Dans une poêle, faites revenir les pommes avec la cassonade et le beurre pendant 5 à 8 min. Versez dans le plat à gratin, ajoutez les framboises et couvrez de la pâte à crumble.

Enfournez 15 à 20 min à 180 °C (th. 6). Le gratin doit dorer mais ne pas brunir. Laissez tiédir et servez.

POUR 4 PERSONNES

125 g de framboises
4 pommes golden
1 cuil. à soupe de cassonade
1 noisette de beurre

Pour la pâte à crumble
50 g de beurre
50 g de farine
50 g de cassonade
50 g d'amandes effilées
1 pincée de sel

288 GRATIN DE RHUBARBE AU SOUFFLÉ À LA VANILLE

DIFFICULTÉ : difficile
COÛT : bon marché

PRÉPARATION : 15 minutes
CUISSON : 30 minutes

POUR 4 PERSONNES

4 tiges de rhubarbe
1 cuil. à soupe de cassonade

Pour le soufflé à la vanille
2 gousses de vanille fendues
25 g de farine
15 g de beurre
25 cl de lait frais entier
4 œufs
60 g de sucre
+ 15 g pour le moule
1 pincée de sel

Matériel
Plat rond et assez haut, type moule à charlotte

Coupez le bout des tiges de rhubarbe et débitez-les en tronçons de 1 cm. Mélangez-les avec la cassonade.

Préparez le soufflé : beurrez et sucrez le moule. Gardez au frais le temps de préparer la suite. Dans une casserole, mettez le lait à bouillir avec la vanille. Séparez les blancs des jaunes d'œufs. Dans un saladier, fouettez vigoureusement 2 jaunes avec le sucre afin de bien faire blanchir ce mélange. Ajoutez la farine tamisée et, sans cesser de fouetter, versez en un mince filet le lait au travers d'un tamis. Reversez le tout dans la casserole, puis portez à ébullition en remuant toujours. Laissez cuire encore 1 à 2 min afin de faire bien épaissir la crème pâtissière.

Ajoutez le sel aux blancs d'œufs et montez-les en neige très ferme. Ajoutez à la fin les 2 jaunes restants. Fouettez encore quelques secondes. Prélevez un quart des blancs et mélangez-les avec la crème pâtissière. Versez cette dernière dans les blancs et mélangez tout délicatement à l'aide d'une spatule.

Préchauffez le four à 180 °C (th. 6). Tapissez

le fond du moule avec des tronçons de rhubarbe. Versez la pâte jusqu'à 1 cm du bord. Lissez bien la surface et enfournez pendant 20 min. Le gratin doit gonfler mais aussi dorer. Servez sans attendre.

290

CRUMBLE RHUBARBE-GINGEMBRE

DIFFICULTÉ : très facile
COÛT : raisonnable

PRÉPARATION : 15 minutes
CUISSON : 30 minutes

Versez tous les ingrédients de la pâte dans le bol d'un mixeur et actionnez le robot par à-coups afin d'obtenir une pâte qui s'agglomère en petites billes.

Retirez l'excédent de sucre du gingembre confit et coupez-le en bâtonnets. Coupez les tiges de rhubarbe en tronçons de 1 cm de large et mélangez-les avec les 2 gingembres et la cassonade. Versez dans le plat et enfournez 10 à 12 min à 190 °C (th. 6).

Couvrez de la pâte à crumble et faites cuire 15 à 18 min. Laissez tiédir et servez.

POUR 4 PERSONNES

8 tiges de rhubarbe
6 pétales de gingembre confit
2 pincées de gingembre
1 cuil. à soupe de cassonade

Pour la pâte à crumble
100 g de beurre
50 g de farine
50 g de cassonade
100 g de spéculoos
1 pincée de sel

GRATIN DE PÊCHES AU VIN BLANC

DIFFICULTÉ : facile
COÛT : bon marché

PRÉPARATION : 20 minutes
CUISSON : 15 minutes

POUR 4 PERSONNES

3 pêches jaunes
3 pêches blanches

Pour le sabayon
4 jaunes d'œufs
75 g de sucre
10 cl de vin blanc moelleux

Pelez les pêches et coupez-les en 8 quartiers. Répartissez-les en rosaces dans un plat à gratin.

Dans une casserole, mettez le vin avec les jaunes d'œufs et le sucre. Mettez de l'eau chaude dans une grande casserole et posez-la sur feu moyen. Placez la casserole contenant le vin, le sucre et les œufs dans ce bain-marie. Fouettez vigoureusement jusqu'à ce que le mélange double de volume et s'éclaircisse.

Versez le sabayon sur les pêches et mettez le plat sous le gril du four pendant 5 min. Le gratin doit être doré. Servez aussitôt.

292

GRATIN DE PÊCHES À LA VERVEINE

DIFFICULTÉ : facile
COÛT : bon marché

PRÉPARATION : 20 minutes
CUISSON : 40 minutes

Préchauffez le four à 180 °C (th. 6). Épluchez et lavez les pêches. Coupez-les en lamelles avec un petit couteau bien aiguisé.

Dans une casserole faites chauffer, sans bouillir, le lait avec 1 cuil. à soupe de purée d'amandes. Laissez épaissir le mélange. Dans une autre casserole, portez l'eau à ébullition avec le sucre et faites infuser la verveine 10 min hors du feu dans le sirop obtenu.

Dans un saladier fouettez l'œuf entier, puis versez la purée d'amandes chaude sans cesser de remuer. Ajoutez le sirop de verveine.

Dans un plat à gratin, disposez les lamelles de pêche à plat en les chevauchant, puis versez la purée d'amandes. Faites cuire 20 min à 180 °C (th. 6).

POUR 4 PERSONNES

4 pêches blanches
20 cl de lait
1 cuil. à soupe de purée d'amandes
10 cl d'eau
50 g de sucre en poudre
1 poignée de verveine séchée
1 œuf

+ Vous pouvez servir ce gratin avec des biscuits secs type langues de chat ou cigarettes russes.

294

GRATIN DE REINETTES AU PRALINÉ

DIFFICULTÉ : facile
COÛT : bon marché

PRÉPARATION : 30 minutes
CUISSON : 30 minutes

POUR 4 PERSONNES

4 grosses reinettes
Le jus de 1 citron non traité
1 sachet de sucre vanillé
50 g de praliné en poudre
2 cuil. à soupe de miel liquide
40 g de beurre

Préchauffez le four à 210 °C (th. 7). Épluchez les pommes et coupez-les en grosses lamelles. Citronnez-les pour éviter qu'elles ne noircissent.

Dans une poêle, faites fondre le beurre et faites revenir les pommes à feu doux avec le sucre vanillé pendant 10 min.

Disposez les pommes dans un plat à gratin, saupoudrez-les de praliné, arrosez de miel.

Faites dorer au four le gratin de pommes pendant 20 min à 210 °C (th. 7).

+ Servez le gratin dès la sortie du four accompagné d'une boule de glace à la vanille.

296

GRATIN MERINGUÉ AUX MYRTILLES, CROUSTILLANT D'AVOINE

DIFFICULTÉ : un peu difficile

COÛT : raisonnable

PRÉPARATION : 30 minutes

CUISSON : 10 minutes

POUR 4 PERSONNES

400 g de myrtilles
70 g de son d'avoine
2 cuil. à soupe de miel
2 blancs d'œufs
40 g de sucre blanc

Préchauffez le four à 180 °C (th. 6). Rincez les myrtilles et disposez-les dans le fond d'un plat à gratin.

Dans une poêle, faites dorer le son d'avoine avec le miel. Dès que le mélange est bien doré, étalez-le sur une feuille de papier sulfurisé. Quand le mélange a refroidi, émiettez-le sur les myrtilles.

Montez les blancs d'œufs en neige en ajoutant progressivement le sucre en poudre. Disposez de grosses volutes de meringue sur les myrtilles et le son d'avoine.

Faites dorer le gratin meringué 10 min à 180 °C (th. 6).

298

GRATIN CROUSTILLANT AUX MÛRES

DIFFICULTÉ : assez facile
COÛT : bon marché

PRÉPARATION : 10 minutes
CUISSON : 15 minutes

POUR 4 PERSONNES

400 g de mûres
3 cuil. à soupe de confiture de myrtilles
1 cuil. à soupe de crème fraîche
1 paquet de palets bretons
2 cuil. à soupe d'eau

Préchauffez le four à 200 °C (th. 6-7). Rincez les mûres à l'eau claire et séchez-les en les déposant sur du papier absorbant. Répartissez-les dans le fond d'un petit plat à gratin. Dans un bol, mélangez la confiture de myrtilles avec la crème fraîche. Versez le mélange sur les mûres.

Émiettez les palets bretons dans un mortier ou à la main. Puis dans un saladier, mélangez les miettes de biscuits avec 2 cuil. à soupe d'eau jusqu'à l'obtention d'une pâte sableuse. Ajoutez les palets bretons sur les fruits. Faites cuire au four 15 min environ jusqu'à ce que le gratin soit bien doré. Servez illico presto.

+ La mûre est une baie délicate et son parfum est très fragile. Celui-ci s'altère très rapidement dès que le fruit est ramassé. Quand votre cueillette est faite, ne tardez pas trop à cuisiner...
C'est super bon aussi avec des spéculoos !

300

GRATIN BANANE-MANGUE-COCO

DIFFICULTÉ : assez facile
COÛT : bon marché

PRÉPARATION : 15 minutes
CUISSON : 10 minutes

Préchauffez le four à 180 °C (th. 6). Épluchez la mangue et la banane et coupez-les en lamelles. Puis répartissez-les dans le fond de 4 ramequins plats.

Préparez un sabayon : dans un saladier, mélangez les jaunes d'œufs avec le sucre en poudre, le sucre vanillé et le lait de coco. Faites cuire cette préparation au bain-marie en fouettant sans cesse jusqu'à ce que le sabayon prenne ; il doit devenir épais tout en restant mousseux (4 à 5 min environ).

Quand le sabayon est prêt, versez-le sur les fruits. Saupoudrez le tout de noix de coco râpée. Faites cuire au four 10 min environ. Servez illico presto.

POUR 4 PERSONNES

1 mangue mûre
1 banane
4 jaunes d'œufs
80 g de sucre en poudre
½ sachet de sucre vanillé
20 cl de lait de coco
2 cuil. à soupe de noix de coco râpée

Matériel

4 ramequins plats (cassolettes)

+ La clé de la réussite ? Le sabayon ne doit jamais bouillir, il doit juste s'épaissir.
Si vos mangues ne sont pas assez mûres, faites-les caraméliser dans une poêle avec 5 cuil. à soupe de miel pendant 3 min environ.

302 GRATIN DE NOIX DE COCO À LA CARDAMOME

DIFFICULTÉ : un peu difficile
COÛT : raisonnable

PRÉPARATION : 30 minutes
CUISSON : 30 minutes

POUR 4 PERSONNES

- 2 œufs
- 30 g de sucre en poudre
- 10 cl de lait de coco
- 10 cl de crème fleurette
- 1 cuil. à soupe de semoule fine
- 3 gousses de cardamome
- 30 g de copeaux de noix de coco

Préchauffez le four à 160 °C (th. 5-6). Ouvrez les gousses de cardamome, récupérez les grains puis concassez-les. Dans un saladier, fouettez les œufs avec le sucre. Ajoutez le lait de coco, la crème fleurette, les graines de cardamome et la semoule. Mélangez de manière à obtenir une préparation homogène.

Dans un plat à gratin, versez la crème à la noix de coco. Placez le plat à gratin dans un plat plus grand rempli aux 2/3 d'eau frémissante. Enfournez le tout pendant 30 min à 180 °C (th. 6).

Saupoudrez le gratin de copeaux de noix de coco 5 min avant la fin de la cuisson. Laissez-le refroidir avant de servir.

+ Vous pouvez servir ce gratin avec une boule de glace coco.

304

LES FAMEUX PAMPLEMOUSSES GRATINÉS

DIFFICULTÉ : facile
COÛT : bon marché

PRÉPARATION : 5 minutes
CUISSON : 10 minutes

Préchauffez le gril du four. Coupez les pamplemousses en deux et prédécoupez les quartiers à l'aide d'un couteau. Déposez les 4 demi-pamplemousses sur la plaque du four.

Saupoudrez chaque demi-pamplemousse de 1 cuil. à café de sucre roux, de 1 pincée de mélange 4 épices et de 1 pincée de gingembre. Déposez au centre 1 cuil. à café de miel. Faites cuire au four 8 à 10 min environ jusqu'à ce que le dessus du pamplemousse soit bien gratiné. Servez illico presto.

POUR 4 PERSONNES

- 2 pamplemousses roses
- 4 cuil. à café de sucre roux
- 4 belles pincées de mélange 4 épices
- 4 pincées de gingembre en poudre
- 4 cuil. à café de miel

\+ Pour cette recette, évitez le miel liquide.
Pour les becs sucrés, augmentez les doses de sucre.
Troquez le mélange 4 épices contre du romarin. Un régal !

306

GRATIN DE FIGUES RÔTIES AU MIEL

DIFFICULTÉ : facile
COÛT : bon marché

PRÉPARATION : 10 minutes
CUISSON : 15 minutes

POUR 4 PERSONNES

8 figues bien mûres
4 cuil. à soupe de miel
50 g de cerneaux de noix concassés

Préchauffez le four à 200 °C (th. 6-7). Lavez et coupez les figues en quatre.

Disposez les figues dans un plat à gratin côté peau vers le bas.

Versez le miel sur les fruits puis parsemez le gratin des cerneaux de noix concassés.

Faites cuire 15 min à 200 °C (th. 6-7).

308

GRATIN DE POTIMARRON À LA FLEUR D'ORANGER

DIFFICULTÉ : facile
COÛT : bon marché

PRÉPARATION : 30 minutes
CUISSON : 50 minutes

POUR 6 PERSONNES

½ potimarron
Le jus de 6 oranges
1 œuf
20 cl de crème fleurette
1 cuil. à café de fleur d'oranger
1 gousse de vanille

Préchauffez le four à 180 °C (th. 6). Épluchez et videz le potimarron. Coupez-le en lamelles avec un petit couteau bien aiguisé, puis faites-le cuire à la vapeur pendant 30 min. Le potimarron doit être très fondant.

Faites réduire le jus des oranges dans une casserole jusqu'à ce qu'il soit bien sirupeux.

Dans un saladier, mélangez l'œuf, la crème fleurette, la fleur d'oranger et le sirop d'orange. Coupez la gousse de vanille en deux dans le sens de la longueur, puis grattez les graines à l'aide d'un petit couteau. Ajoutez les graines de vanille à la crème.

Dans un plat à gratin, disposez délicatement les lamelles de potimarron et recouvrez de crème à l'orange. Faites cuire 20 min à 180 °C (th. 6).

310

GRATIN DE CHÂTAIGNES AUX ÉPICES

DIFFICULTÉ : facile
COÛT : bon marché

PRÉPARATION : 15 minutes
CUISSON : 30 minutes

POUR 4 PERSONNES

- 1 boîte de châtaignes cuites (500 g)
- 1 gousse de vanille
- 10 cl de lait de coco
- 15 cl de lait
- 1 sachet de sucre vanillé

Préchauffez le four à 180 °C (th. 6). Égouttez les châtaignes. Disposez-les dans un plat à gratin.

Coupez la gousse de vanille en deux et grattez les graines à l'aide d'une pointe de couteau. Dans un bol, mélangez les 2 laits avec le sucre vanillé et les graines de vanille.

Versez le mélange de laits vanillés sur les châtaignes et faites cuire le gratin 30 min à 180 °C (th. 6).

Table des recettes

maxi BON APP'

Vous vous êtes régalé ? Découvrez très vite les autres titres de la collection !

- + de 150 recettes
- des conseils et des variantes

9,95 € SEULEMENT

Crédits photographiques :
© Eric Fénot : pp. 5, 7, 15, 17, 19, 21, 23, 25, 27, 29, 31, 35, 37, 39, 41, 43, 49, 51, 53, 55, 57, 59, 63, 65, 69, 71, 73, 75, 77, 81, 83, 85, 87, 89, 91, 93, 95, 97, 99, 101, 103, 105, 107, 109, 111, 113, 115, 117, 119, , 121, 125, 139, 147, 159, 161, 163, 165, 173, 175, 177, 181, 187, 193, 205, 225, 227, 229, 235, 237, 251, 267, 269, 273, 281, 285, 299, 301, 305.
© Nathanaël Turpin-Griset : pp. 61.
© Philippe Vaurès-Santamaria : pp. 123, 127, 135, 137, 153, 171, 191, 195, 197, 201, 207, 209, 211, 215, 217, 219, 221, 223, 231, 233, 239, 241, 243, 253, 255, 257, 259, 263, 265, 275, 283, 293, 295, 297, 303, 307, 309, 311.
© Bob Norris : pp. 129, 131, 133, 141, 143, 145, 149, 151, 155, 157, 167, 169, 179, 183, 185, 189, 199, 203, 213, 245, 247, 249, 261, 271, 277, 279, 287, 289.

Cet ouvrage reprend des recettes des titres *Farcis & gratins* et *Mijotés & poêlées* parus dans la collection Popote des potes, des titres *Cocottes* et *Gratins* parus dans la collection Collection, du titre *Cassolettes* paru dans la collection PPH cuisine et du titre *Gratins et tians* paru dans la collection Fait maison, aux Éditions Hachette pratique.

Pour l'éditeur, le principe est d'utiliser des papiers composés de fibres naturelles, renouvelables, recyclables et fabriquées à partir de bois issus de forêts qui adoptent un système d'aménagement durable. En outre, l'éditeur attend de ses fournisseurs de papier qu'ils s'inscrivent dans une démarche de certification environnementale reconnue.

Direction : Catherine Saunier-Talec
Responsable éditoriale : Anne la Fay
Responsable de projet : Caroline Terral, assistée de Stéphanie Chaussade
Collaboration rédactionnelle : Stéphan Lagorce, Éric Forêt, Bruno Leprieur, Philippe Houstin, Aude de Galard, Leslie Gogois, Thomas Feller, Garlone Bardel
Conception de la maquette intérieure et de la couverture : Jane Schleipfer Gueneau aka. Libelul
Réalisation de la couverture : Nicole Dassonville
Réalisation : Les PAOistes
Fabrication : Amélie Latsch
Responsable partenariats : Sophie Morier au 01 43 92 36 82

Dépôt légal : janvier 2013
23.05.1240.01.3
ISBN : 978-2-01-231240-1

Imprimé en Italie par Europrinting S.p.A. - Casarile (MI)